Mustagh Ata

Forsvundet på bjerget

Mustagh Ata

Forsvundet på bjerget

af

Bo Belvedere Christensen

Andre bøger af samme forfatter:

- Ubetrådte tinder - Gennem hvide pletter på landkortet til toppen af jomfruelige toppe i Himalaya, BoD 2008, ISBN 978-87-7691-358-8

- Big E - Fortællingen om Big E Thrane & Thrane Danish Everest Expedition 2000, BoD 2008, ISBN 978-87-7691-354-0

- Baruntse – over 7000 meter i Himalaya, BoD 2008, ISBN 978-87-7691-953-5

- Baruntse - above 7000 meter in the Himalayas, BoD 2011, ISBN 978-87-7114-250-1

- Vertikalt - Noveller om klatring og bjergbestigning, BoD, ISBN 978-87-7691-477-6

- Klatring i Peru - På udfordrende tinder i Andesbjergene, BoD, ISBN 978-87-7114-206-8

- De Smukke Bjerge - Gasherbrum gruppen i Pakistan, BoD, ISBN 978-87-7114-115-3

- Everest – drømmen og sejren, JP forlag 2000, ISBN 87-90959-02-7, udsolgt fra forlaget, men sælges direkte fra medforfatter og redaktør: bbc@k2-adventure.dk

- Ama Dablam – en bestigning af verdens smukkeste bjerg, genpublicering af succesbogen udgivet 1988 af Gyldendal, BoD 2013, ISBN 978-87-7145-635-6

- Mont Blanc - Vejen til toppen af Europa, Gyldendal 2013, ISBN 978-87-0213-381-3

- Kilimanjaro - Guide til natur og bestigning, BoD 2015, ISBN 978-87-7170-165-4

- Poor Kathmandu - Interview with poor people from Kathmandu, BoD 2015

© 2015 Bo Belvedere Christensen

Forlag: Books on Demand GmbH, København, Danmark

Tryk: Books on Demand GmbH, Norderstedt, Tyskland

Forside: Mustagh Ata fra nær Subash, foto af forfatteren ligesom resten af bogens foto bortset side 50: Anneli Wester og side 37: ukendt

ISBN: 978-87-7170-246-0

Indholdsfortegnelse

Indledning 7
Ruten til bjerget 16
Kashgar 19
Basecamp 22
Ruten på Mustagh Ata 28
Højdeudfordringer 38
Planlægning 40
Akklimatisering 42
Endelig afsted 48
Topforsøg 54
Basecamp gensyn 87
Efterskrift 89
Forfatteren 91

Indledning

Mustagh Ata er med sine 7546 meter ikke et af de allerhøjeste bjerge i verden. Det er heller ikke et af de sværeste set fra et teknisk synspunkt. Men med sin kombination af relativt stor højde og moderat sværhed krydret med ofte problemfyldte vejrforhold er det en stor mundfuld og en god udfordring. Specielt hvis du kommer fra trekkingtoppene i Nepal med højder på op til 6500 meter (trekkingtoppe pr. definition, se appendix med ordforklaringer) eller evt. har klatret bjerge som Aconcagua, er Mustagh Ata et bjerg, der kan minde om at bestige et 8000 meter højt bjerg.

Set fra bund til top er der ikke mange af Himalayakæmperne, der overgår Mustagh Ata. Med en basecamp beliggende i 4450 meter og en top i 7546 meter er der en således ca. 3100 meter til toppen. Nogle af de "små" 8000 meters toppe har basecamp i 5200-5400 meters højde. Der er således ikke 3000 meter til toppen af disse bjerge. Højden på 8000 meter giver selvfølgelig en ekstra udfordring, men de ekstra højdemeter, der skal overvindes mellem BC og toppen på Mustagh Ata, gør den totale udfordring meget sammenlignelig med disse mindste 8000+ toppe. Højden i sig selv giver bjerget en rang som nummer 43 blandt verdens højeste bjerge.

Mustagh Ata ser stort og udfordrende ud på afstand. Når du f.eks møder bjerget første gang ved Karakul søen, står det som en gigantisk iskulisse i flere niveauer bag den smukke grønligt skinnende sø. Det er formentlig den smukkeste udsigt til bjerget, desværre delvist ødelagt af turistinstallationer komponeret af de hæmningsløse kinesere i deres søgen efter yderligere turistindtægter og i deres totale mangel respekt for den natur, som er basis for denne indtægt.

Hvis du kommer gennem de imponerende slugter fra Kashgar - følgende den berømte Karakoram Highway på tværs af bjergene helt ind i Pakistan - til højsletterne møder du først det højeste bjerg i denne region, Kongur, og kort derefter dukker Karakul søen op med sin iskulisse. Det er et imponerende syn, der her møder øjet, placeret i ørkenagtige omgivelser med kun lettere græsbevoksede højdedrag og områder med enorme sandklitter.

Det er et landskab, som vi er meget uvant med, denne kombination af sandklitter, højdedrag med 4-5 gange højdeforskellen af noget dansk "bjerg," lermineralfarvede, blågrønne gletsjersøer og så de store bjerge, der i den klare morgensol står som skåret ud mod den mørkeblå himmel, mørkeblå af mangelen på atmosfære, der kan sprede lyset til den lysere blå himmel, vi er bekendte med.

I disse fantastiske omgivelser i Xinjiang tæt på grænsen til Tadsjikistan, Kasakhstan, Rusland, Kirgisistan (Kirgisien), Afghanistan og Pakistan finder vi målet for vores ekspedition, den store iskolos Mustagh Ata.

Bjerget selv ser ud som nogle gigantiske, skrånende plader, som nogen har stablet ovenpå hinanden, skrånende den samme vej, men med nogle overlap – de højeste af ryggene – og nogle furer imellem, hvor mægtige gletsjere tager deres vej langt ned mod dalen, formende adskillige isfald og skubbende mægtige mo[r]ænebakker både foran sig og langs siderne.

Bjerget består af 3 større toppe, hver af disse kilden til adskillige større og mindre gletsjere. De mindre gletsjere klynger sig til bjergryggene mens de store tager deres vej ned gennem dale, der skarpt skærer sig ned mellem de højeste bjergrygge. De store gletsjere fødes ofte af de mindre, som de mødes med i kaotiske områder med store istårn og masser af spalter såkaldte gletsjerbrud. Nogle af gletsjerne sender deres tunger slikkende af landskabet helt ned i næsten 4000 meters højde.

Den næsten flade flodslette for foden af bjerget gør kontrasten til den høje tinde endnu større. Her slynger en flod, der afvander de smeltende gletsjere, sig mæandrerende hen over sletten, mens den afsætter stadig finere fraktioner af grus og sand i sin søgen mod lavlandet. De fineste dele af materialet fra bjerget, små fine lermineraler, bringes ned til Karakul søen. Det er farven af disse mineraler vi kan nyde, når vi betragter alverdens smukke gletsjervandssøer. Solens stråler reflekteres fra mineralerne og tilføjer en ekstra, utrolig smuk farvenuance til søens i forvejen blå eller mørkeblå farve, så farven af gletsjersøen ofte bliver smaragdgrøn.

Bjergene i Xinjiang

I den kinesiske provins Xinjiang og de omgrænsende lande findes flere separate bjergområder, som for en dels vedkommende indeholder nogle af verdens højeste bjerge heriblandt det berømt-berygtede K2, verdens andethøjeste. Afhængig af hvilken vej du kommer til Mustagh Ata møder du måske et eller flere af disse imponerende bjergmassiver:

1. Karakoram, på grænsen mellem Indien, Pakistan og Xinjiang. En massiv bjergkæde indeholdende bl.a. bjergene K2 (verdens 2. højeste), Broad Peak (verdens 12. højeste), Gasherbrum I (verdens 11. højeste) og Gasherbrum II (verdens 13. højeste).

2. Pamir, til hvilket det måske er mest rigtigt at henregne Mustagh Ata og det nærliggende og lidt højere Kongur. Højeste bjerg i Pamir (hvis ikke Kongur og Mustagh Ata regnes med) er Ismail Samani, der er 7495 meter højt. Det hed tidligere Pik Kommunizma.

3. Kun Lun, bjergkæden der ligger mod syd i Xinjiang og hvis Mustagh Ata ikke henregnes til Pamir, så skal det vel henregnes til Kun Lun. Meningerne er delte.

4. Hindu Kush, beliggende på grænsen mellem Afghanistan og det nordlige Pakistan. Indeholder bl.a. Tirich Mir, der med sine 7708 meter er verdens 33. højeste bjerg.

5. Tien Shan – danner grænsen mellem Xinjiang og Kirgisien. Det højeste bjerg er Jengish Chokusu på 7439 meter.

6. Turpan bjergene (Turpans flammende bjerge) er en lavere bjergkæde af sandstensklipper, der sommetider kaldes de flammende bjerge pga. den røde sandsten, som skinner ildrødt i aftenlyset. Største højder er omkring 800 meter. I virkeligheden er de måske en del af Tien Shan bjergkæden lige på kanten til Taklamakan ørkenen.

7. Altai Mountains, i det nordlige Xinjiang, som i Belukha når sin største højde med 4506 meter.

Med så mange bjerge i og omkring Xinjiang er det ret overraskende, at størstedelen af Xinjiang består af en ørken, Taklamakan ørkenen. Ørkenen dækker omkring halvdelen af Xinjiangs areal med sine 337.000 km², hvilket er ca. otte gange større end Danmarks samlede areal.

Forsvundet på bjerget

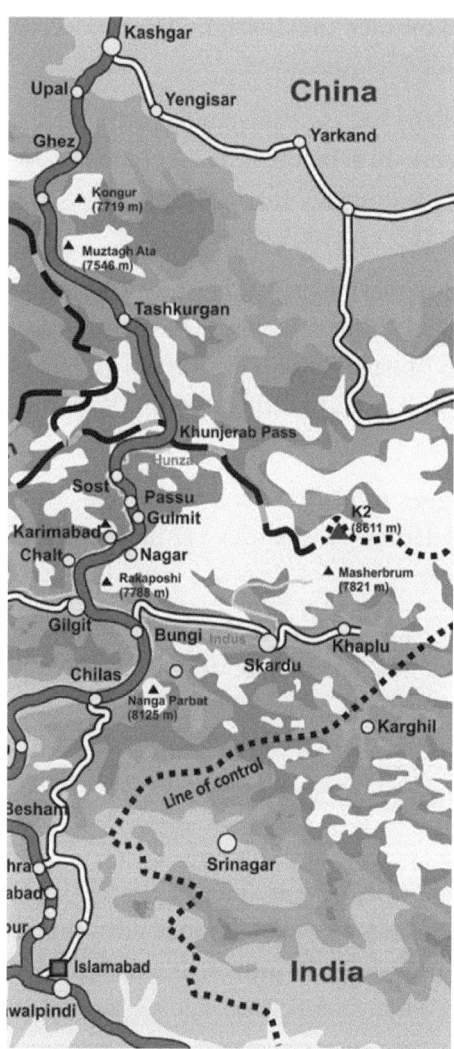

Karakoram Highway, som går lige forbi Mustagh Ata forbinder Gilgit i Pakistan med Kashgar i Xinjiang.

Vejen går over det 4693 meter høje Khunjerab pas. Karakoram Highway kaldes uformelt KKH. I Pakistan kendes den officielt som N-35, i Kina som G314.

Men Karakoram Highway er også en del af Asian Highway AH4.

Fakta om bjerget:

Beliggenhed: Vestlige Xinjiang, Kina.

Bredde/Længde: 38.3° N, 75.1° E

Bjergkæde: Kun Lun eller Pamir alt efter "skole"

Rang: Mustagh Ata er verdens 43. højeste bjerg.

De første forsøg: Den svenske opdagelsesrejsende og geograf Sven Hedin udforskede Mustagh Ata og gjorde det første forsøg i 1894. Hedin forsøgte at ride på yakokse op ad bjerget, hvilket mislykkedes og han opgav helt at komme på toppen.
Nye forsøg blev gjort i 1900 og 1904 uden held.
To af Himalayaklatringens store koryfæer, Eric Shipton og Bill Tilman, forsøgte i 1947 og var meget tæt på at nå toppen. De måtte dog vende om pga. stærk kulde og dyb sne.

Første bestigning: En kombineret russisk-kinesisk ekspedition besteg bjerget for første gang i 1956. Navnene er i typisk russisk og kinesisk stil ikke offentliggjort.

Første skibestigning: Ned Gillette, Jan Reynolds og den verdensberømte klatrende fotograf Galen Rowell besteg bjerget på ski i 1980 og gennemførte ligeledes den første nedfart på ski.
Det er stadig det højeste bjerg, der er besteget med ski. Den del af bjerget, som kan begås med ski er minimum ca. 2400 højdemeter.

Første danske: Svend Bjerg Kristensen besteg bjerget i 1988 som deltager i en kommerciel ekspedition.

Bemærkelsesværdig: Den svenske pige Anneli Wester overnattede på toppen i 2011 efter at have besteget bjerget solo og i alpin stil. Anneli har altid sin egen stil - og mening.

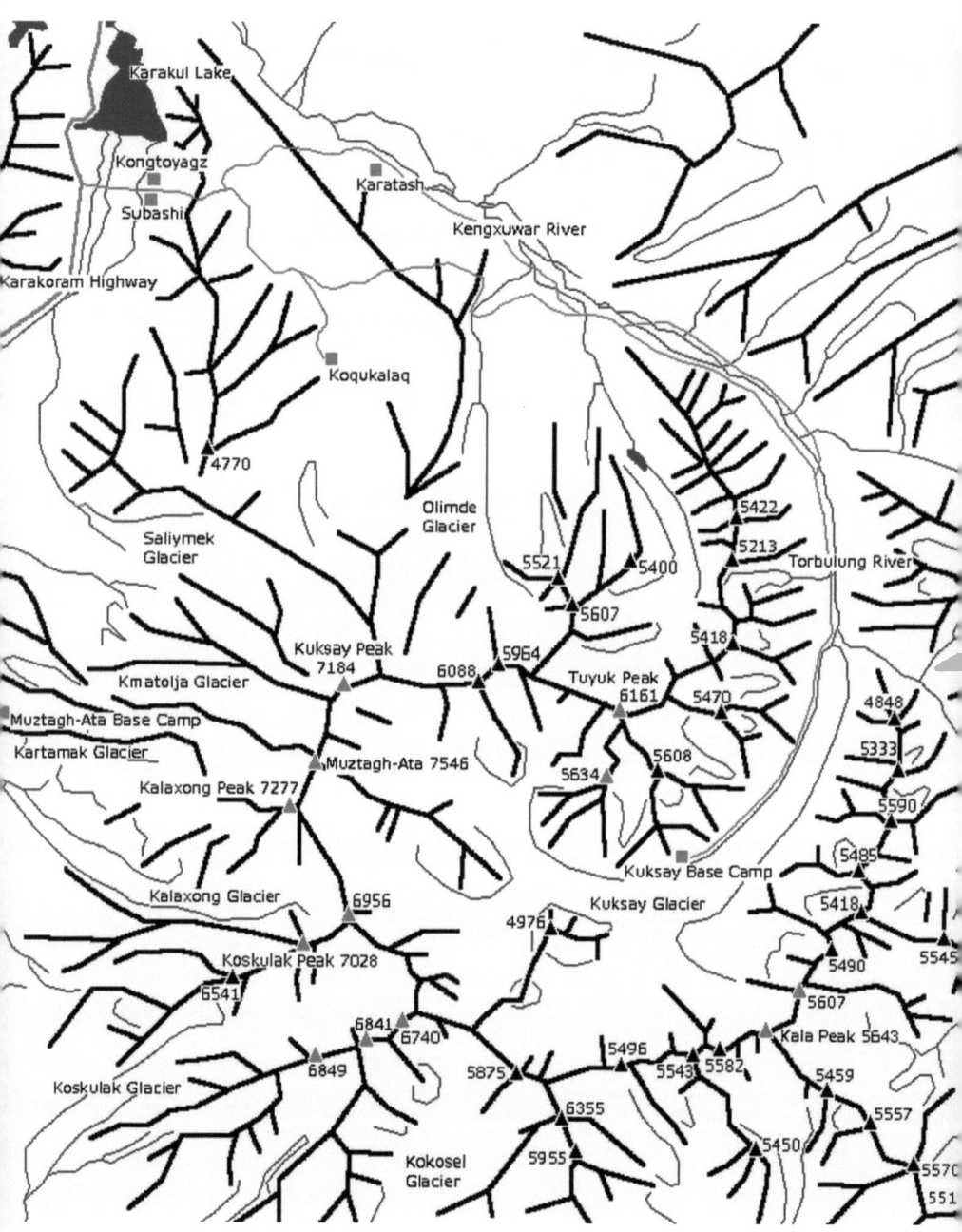

Der er to basecamps nedenfor Mustagh Ata, en på den østlige side af bjerget benævnt Kuksay Base Camp og den vi bruger, Mustagh Ata Base Camp, på den vestlige side.

Bjergets spektakulære form er en resultat af dets geologiske oprindelse som en stor tiltet forkastningsblok. Det giver den vestlige og sydlige side en moderat hældning, der dog som sagt er delt i af flere dybe gletsjertrug. Øst og nordsiden består derimod af stejle vægge, der falder over 1000 meter direkte fra topkammen i 7000 meter til Kuksay gletsjeren.

Mustagh Ata står alene mellem Pamir og Kun Lun bjergene, hvorfor tilhørsforholdet er omdiskuteret.

Navnet Mustagh Ata betyder på det lokale Uyghur sprog "fader af isbjergene."

Et af de store gab mellem bjergryggene. Her står væggen lodret næsten 1000 meter mellem den øvre gletsjer, som vi skal op ad, og gletsjeren i dalbunden. Ruten op gennem isfaldet kan lige skimtes i højre side.

Ruten til bjerget

En af de ting, der slog mig første gang, jeg kiggede vores rejseprogram igennem, var den tilsyneladende lange vej ind til Mustagh Ata. Fra vi rejste fra Danmark gik der 7 dage før vi nåede til basislejren.

Distancen var da også betragtelig. Vi fløj til Kirgisiens hovedstad Bishkek, som ligger i den nordlige del af Kirgisien tæt på grænsen til Kazakhstan, kørte gennem hele Kirgisien til grænsen mod Kina i Torugart passet, hvor man krydser Tien Shan bjergkæden. Herfra gik det så ned mod Kashgar, provinshovedstaden i Xinjiang, hvor vi tilbragte nogle dage. Så kom yderligere en dags bustransport til Subash, hvorfra vi dagen efter kunne gå op til basecamp.v

Der er alternativer til denne vej ind, men den ene er absolut ikke kortere eller lettere, til gengæld vil den give dig en helt utrolig oplevelse af en del af verdens højeste bjergkæde, Karakoram bjergene, som er en del af Himalaya. Den vil du komme gennem, hvis du i stedet rejser til Pakistan sandsynligvis over Islamabad, kører til det nordligste af landet og følger Karakoram Highway ind over Khunjerab passet. Så er du også i Xinjiang og ser snart Mustagh Ata. Men denne vej vil være endnu længere og vil tage lige så lang tid, fordi du ifølge vores lokale hjælpere skal helt ned til Kashgar for at ordne de sidste papirer, inden du kan køre tilbage til Mustagh Ata.

Det sidste alternativ, som er væsentlig hurtigere men til gengæld også en del dyrere, er at flyve direkte til Kashgar. Typisk skal du over Tyrkiet og/eller en anden større lufthavn i Kina f.eks. Chengdu. Det er en kolossal omvej og medvirker til, at prisen bliver voldsomt høj. Du vil skulle bruge nogle ekstra dage i Subash for at vænne dig til højden, hvor du med de to ovennævnte ruter ind allerede har været i højden nogle dage og derfor hurtigere kan fortsætte til basecamp.

Den rute, vi tog ind til Mustagh Ata, gav også nogle specielle oplevelser. Den første aften, hvor vi overnattede i Kirgisien, boede vi i en yurt, en "ægte" traditionelt bygget yurt, som kan minde lidt om en tipi. Tag og sider består udvendigt af skind, som både isolerer mod kulde men også gør yurten vandtæt. Indvendig er der et træskelet til at holde taget oppe og der er

ovn med skorsten, til at holde yuten varm i den kolde tid.

En anden spændende oplevelse, som turen fra Kirgisien til Xinjiang giver, er krydsningen af Tien Shan bjergene gennem det 3752 meter høje Torugart pas. Bjergvejen snor sig opad i timevis, til du når passet og den massive kinesiske bevogtning. Så snart vi ankom og steg ud af bussen, var der "opvisning" af kinesisk militær overlegenhed. De tilstedeværende kinesiske soldater skulle, tilfældigvis lige da vi kom, foretage en lille øvelse. Den gik bl.a. ud på at de fuldt bevæbnede skulle springe op over et pigtrådshegn, hvilket sådan set var imponerende nok, men det virkede bare som om det kun var for at overbevise os om deres styrke og tekniske færdigheder.

Ved grænsen er der kun kontrol af papirer, hvilket til gengæld tager længe, men 110 km på den anden side af grænsen i noget lavere højde findes tolden. Det er en større bygning, hvor busserne køres igennem og kontrolleres separat, mens vi kontrolleres et andet sted. Også dette tog lang tid.

Fra toldkontrollen er der til gengæld ikke langt til Kashgar, men vejen er stadig relativt ringe. Det tog længere tid end forventet.

Kashgar

Vi indkvarterede os på et hotel, hvor der også boede 4 meget optimistiske rumænske bjergbestigere. De havde kun 12 dage til bestigningen af Mustahg Ata incl. akklimatisering til højden. Et hold danskere havde forsøgt det samme året før, og de havde haft det dårligt næsten hele tiden, men utroligt nok var en del af dem kommet til tops.

Vi tilbragte Kashgar er en spændende by, der er meget præget af det muslimske miljø. Byen har over 2000 års historie og har været et vigtigt handelsknudepunkt på Silkevejen. Kashgars historie har været meget omskiftelig pga. beliggenheden nær mange forskellige tidligere og nuværende magtfulde herredømmer. Kashgar har således været under herredømme af Kina (både tidligere og nu), Tyrkiet, Mongoliet, Persien og Tibet.

Kashgar blev indlemmet i Den Kinesiske Folkerepublik i 1949, ikke til alles tilfredshed, og der har lige siden været uroligheder og optøjer. Befolkningen består primært af muslimske Uyghurer, som ikke altid føler sig godt behandlet af kineserne. Området har også været under nærmere opsyn bl.a. af Europa Parlamentet, som for nogle få år siden henstillede til Kina om at være hensynsfuld i sin renovering af byen. Kineserne ønskede, som mange andre steder, hvor de har overtaget herredømmet, at give byen et mere kinesisk udtryk.

Mange ældre bygninger var faktisk i meget ringe stand, og kineserne frygtede med god grund, at et jordskælv kunne udslette store dele af befolkningen. Man kan derfor se deres handlinger fra flere perspektiver, men det betød at mange ældre bygninger blev revet ned uden hensyn til deres historiske værdi.

I de få dage vi havde i byen var vi rundt og se flere seværdigheder bl.a. Id Kah, Kinas største moske, Afak Khoja mausolæet, som betragtes som den største muslimske helligdom i Xinjiang, samt Folkets Plads (som vel findes i alle større kinesiske byer) med den dertil hørende Mao statue bygget under under den kinesiske kulturrevolution.

Der var bøn i moskeen, da vi ville ind, og da muslimerne forlod moskeen strømmede de ud i over en halv time, det blev anslået der var 16.000.

Forsvundet på bjerget

Basecamp

Basecampen er en besynderlig lejr. Måske ikke så mærkelig, når man er vant med basislejre i f.eks. Tibet. Efter vi var kommet til byen Subashi med bus og kunne stå og kigge lige op på bjerget, kunne vi foretage et valg: Ville vi gå op til basecamp, køre jeep eller motorcykel?

Det virker bare ikke rigtigt at kalde noget, vi kan køre op til, for basecamp. Det er måske gammeldags, men jeg ser helst at en basecamp ligger lidt utilgængeligt, så man har i hvert fald nogle dages trekkingtur, inden man når til den. At sidde i basecamp og konstant blive forstyrret af ankommende motorcykler eller 4-hjulstrækkere virker bare helt forkert. Men vi er tæt inde under bjerget og den egentlig bestigning starter herfra, så det kan ikke være anderledes. Af beliggenhed er det stedet for en basislejr.

Vi tager ikke imod tilbuddet om motoriseret transport til basislejren, men

Kamelerne med vores bagage er netop ankommet til basislejren. Som en stor behagelighed for kameldriveren, så lægger de sig ned, når de skal aflastes for den tunge bagage.

lader vores bagage transportere mere eksotisk med kameler. Allerede lang tid før vis ser kamelerne, som skal bære vores udrustning til basecamp, er vi klar over deres tilstedeværelse. Deres klagende brøl høres på lang afstand og svarer godt til kamelens sørgmodige udseende.

Kamelerne laster hver omkring 80-100 kg og endnu mere mærkværdigt end deres klagende lyd er deres den måde, de lægger sig ned med denne last på ryggen. Først lægger de sig ned på forknæene – en enorm belastning på knæet fra kamelens egenvægt og den last de bærer – så kommer de også ned på bagbenene inden de lægger sig helt ned på bugen.

Vores samlede last bæres af 3 kameler, som dermed bestemt ikke er overbelastede. Deres klagende lyd udstøder de under alle omstændigheder, måske blot for at gøre opmærksom på deres tilstedeværelse.

Turen fra Subash til basecamp, vores hjem de næste 20 dage, tager os kun omkring 3 timer. Først går turen over en lille del af den flade smeltevandsslette nedenfor Mustagh Ata, siden over morænerygge afsat da bjergets gletsjere, måske i lilleistiden indtil 1880'erne eller måske helt tilbage til sidste istid, strakte sig længere ned i dalen. Hvor bjergets klipperygge så rejser sig ud af morænerne ligger en lille smeltevandsafsats, stedet for en naturlig placering af en basecamp. Højdemåleren viser 4450 meter og dermed en højde, der giver god mulighed for at hvile ordentligt ud undervejs i højdeakkklimatiseringen eller mellem flere på hinanden følgende topforsøg. Men også en højde, der betyder, at der er laaaangt fra Basecamp til toppen af bjerget.

Vi er bestemt ikke alene i Basecamp. Da vi ankommer ligger her mellem 80 og 100 telte spredt ud over et større areal. I løbet af den periode, vi er her, veksler antallet efterhånden som ekspeditioner når deres mål eller må opgive forehavendet, og nye ekspeditioner kommer til.

Her er mange forskellige nationaliteter: indfødte (Yugarer), kinesere, kirgisere, usbekere, russere, polakker, tjekker, koreanere, japanere, tyskere, englændere, franskmænd, spaniere, nordmænd, svenskere og så os danskere. Og de forskellige nationaliteter og dermed mentaliteter afføder forskellige oplevelser og gode historier, som du vil få hen ad vejen.

Basecampen rummer en bemærkelsesværdig konstruktion, en yourt som meget ligner dem vi så i Kirgisien. Yurten er som i Kirgisien bygget over

Forsvundet på bjerget

et træskelet som dækkes med dyrehud. I toppen er et hul for røgafgang og udluftning. Tidligere har man haft et mindre bål til vinterens opvarmning og madlavning, men nu installeres der i stedet en ovn, hvor der afbrændes træ eller tørret dyregødning. En anden "modernisering" er, at bunden af yurterne nu ofte opbygges af cement, så de kun har formen og evt. et træskelet til fælles med den traditionelle yourt. Basecampens gigantiske yurt er 12 meter i diameter og fungerer ind imellem som en slags restaurant.

Vores del af basecampen bestyres af Akbar, som er vores guide fra turen ind hertil. Her nyder han stor respekt og er den øverste leder, mens vi bare ser ham som vores guide og en del af servicepersonalet. Det kommer til at føre til nogle konflikter.

Denne del af campen består af 5 store telte på rad og række, et til køkken, et til forråd, et som fungerer som messetelt for os og 2 andre som fungerer som messetelt for andre grupper. Den store tyske 18 mands (m/k) gruppe har deres eget messetelt, et gigantisk kuppeltelt, men de forsynes fra det samme køkken.

En del af Basecampen fra ruten mod lejr 1. Yurten bruges som restaurant, hvor man kan købe et måltid mad, hvis man ikke er tilfreds med serveringen i sin egen del af basislejren. Den del af basislejren, som vi boede i, lå til højre udenfor billedet.

Til at sove i har grupperne enten deres egne telte eller telte leveret som en del af "pakken". Vores er "Vaude" telte, som vi bor to og to i. Ganske OK telte om end en smule trange til to personer og deres bagage. Af samme grund har vi brugt en del af vores messetelt til opbevaring af duffelbags og store rygsække.

Enkelte ting har jeg det ikke så godt med at opbevare i messeteltet, som jo hverken er låst eller bevogtet. Derfor sover jeg nærmest ovenpå mit professionelle Canon fotoudstyr bestående af et Canon 1D mark IV, 17-40 mm f4, 50 mm f1.4, 70-200 mm f2.8 og 135 mm f2 samt tilbehør som ekstra batterier, flashkort, harddisk storage, stativ, flash mm. Nogen i gruppen betragter mig vist – med god grund – som en fotonørd. Jeg synes endda jeg har sparet ved at have et kompaktkamera (Canon G9) med som reservekamera i stedet for et ekstra Canon spejlrefleks hus.

Vores basecamps køkken laver god lokal inspireret mad, der er nærende og sund, men som efter vores europæiske (danske nok nærmere) mangler en del i mængden af kød. Det kinesiske viser sit ansigt med de store mængder af ris og nudler samt de enorme mængder af fint snittede grønsager, der forekommer. Derfor høres det også tydeligt når køkkenet går i gang med maden. Ca. en time til halvanden før frokost og aftensmad lyder maskingeværsrytmen fra grønsagskniven rytmisk og vedvarende, mens to-tre mand sidder og hakker grønsager fint til både os og den tyske gruppe.

Vi får dækket vores proteinbehov af æg, som i forskellig form findes i mange af retterne. Det giver kun problemer for Finn, som ikke kan lide smagen af æg. Men han indtager da den delikate kartoffeltærte med æg – ikke særlig kinesisk – som køkkenpersonalet ind imellem kræser op om os med. Vi har tydeligt tilkendegivet, at dette er et hit, så den får vi, når vi virkelig trænger til noget godt.

Fra basecamp kan vi ikke se toppen af vores mål, kun den underste del op til lejr 1 og isfaldsområdet lige over denne er synlig. Det er under halvdelen af hele bjerget, ja nærmere kun en tredjedel af bjerget, vi ser. Det er nu ikke usædvanligt på store bjerge. I Everest basecamp på den sydlige, Nepalesiske side, kan man således kune se vestskulderen af Everest. Toppen ses bedst fra Kala Patar, som ligger ca. 4 timers gang fra basecamp. Først når man kommer i op i Westerm Cum, gletsjerdalen mellem Everest og dens

Forsvundet på bjerget

naboer, Lhotse og Nuptse, at man igen kan se toppen.

Mustagh Ata forsvinder faktisk ind bag sig selv, når man går fra Subashi op til basecamp. Det skyldes, at bjerget er stejlest i den nedre del og hældningen gradvist aftager op mod de øvre lejre og mod toppen. Der er partier undervejs med øget stejlhed, men den generelle hældning er aftagende fra bund til top.

Til gengæld kan vi fra fra basecampen se lidt af i alt 3 gletsjere, der kommer ned fra bjerget. Den ene er den, som danner isfaldsområdet lige over lejr1, de 2 andre er hhv. Kmatolja og Kartamak gletsjerne. Det førnævnte isfald er delvist med til at føde Kartamak gletsjeren, som dog også får sin is fra andre dele af bjerget.

Vi ser ikke store dele af disse gletsjere, men skal dog ikke bevæge os langt for at se større dele af Kmatolja gletsjeren, der ligger i slugten mellem Kuksay Peak og Mustagh Atas hovedtop. Denne gletsjer falder på smukkeste vis ned gennem denne sprække i bjerget og har i flere omgange været målet for mine små fotoudflugter fra basecamp.

Kuksay Peak, som er 7184 meter høj, og nedenfor den Kmatolja gletsjeren. Gletsjeren ligger lige nord for basislejren, og dens moræner danner den nordlige begrænsning af lejren.

Morænen, som Kmatolja gletsjeren har efterladt sig, danner den nordlige begrænsning af basislejren. Den del, som ligger tættest på basecamp, den ældste del af den, er delvis overgroet med sparsom plantevækst og lav. I denne del er der et rigt liv af fugle og pattedyr.

En af dagene, jeg går en tur med mit kamera i moræneområdet, mødes jeg af høje skrig. Det minder lidt om lyden af de normale murmeldyr, som findes overalt i bjergene også her. Men jeg har ikke set murmeldyr lige for nylig, og de plejer at være meget synlige. Skriget er også i en lidt højere tone, så jeg leder efter dyret, der udstøder denne lyd. Det viser sig at være et meget lille murmeldyr formentlig bare en unge.

Det vrimler i øvrigt med fugle bl.a. tibetansk klippehøne, vandstær, forskellige spurvefugle, værlinger og større fugle som lammegribbe.

Naturen er flot omkring basislejren. Den nedre del af Kmatolja gletsjeren danner smukke rygge af is med grusfyldte dale, bestemt et besøg værd medbringende dit kamera.

Ruten på Mustagh Ata

Fra basecamp i 4450 meter til toppen i 7546 meter er der ca. 3100 meter, større højdeforskel end de fleste 8-tusind meters bjerge.

Den rute, vi brugte er den mest brugte, men der er andre næsten lige så tilgængelige ruter. Denne rute op ad bjerget involverer normalt 3 lejre beliggende således:

- Lejr 1 (C1) lige omkring hvor sneen starter i 5200-5300 meter. Snegrænsen ændrer sig som følge af global opvarmning, men var i denne højde i 2010, hvor jeg var på bjerget. Gletsjeren når på den mest brugte rute ned til omkring 5400 meter.

- Lejr 2 (C2) ligger lidt over isfaldet i ca. 6200 meters højde, men der bliver sommetider brugt en alternativ placering i ca. 6300 meter.

- Lejr 3 (C3) kan ligge flere steder, men den mest optimale rent højdemæssigt er midt i skråningen op ad bjerget i ca. 6800 meters højde. Placeringen er ikke optimal, men der er en bedre mulighed et stykke højere i ca. 7000 meter i en lille sænkning med næsten vandrette sneflader. Højden er dog her måske for meget, hvis man ikke er helt optimalt akklimatiseret.

Der er alternativer til disse lejre, hvis man ønsker at gøre akklimatiseringen langsommere og bruge nogle lejre ind imellem de beskrevne:

- Lejr ½ (C½) i 4800 meters højde

- Lejr 1½ (C1½) i ca. 5500 meter.

Hvis man kommer forakklimatiseret fra andre bjerge, så kan man evt. springe lejr 1 over og gå til lejr 1½ og næste dag fortsætte helt til lejr 3, for at gå mod toppen på 3. dagen. Alternativt, hvis man er meget stærk og fint akklimatiseret, kan man gå fra basecamp til lejr 2 og gøre topforsøg derfra.

Det er svært at sætte mål på, hvor lang tid, det vil tage at gå mellem lejrene, men jeg prøver alligevel ud fra den tid, jeg selv og resten af gruppen brugte. Spændet er ret stort, da det afhænger meget af forholdene og din fysiske form. Specielt kan det tage lang tid efter en større mængde nysne.

Tidsforbrug mellem lejrene og til topforsøget:

- Basecamp til C1: 2-4 timer
- C1 - C2: 3-7 timer
- C2 - C3: 2-6 timer
- C3 - Toppen: 4-10 timer

Det er ikke en rute, som indeholder decideret teknisk svære passager, men isfaldet mellem lejr 1 og 2 kan dog drille lidt. De fleste vil nok betragte bestigningen som en trekkingtur over sne og is, der måske kræver lidt specielt udstyr som f.eks. snesko, særdeles varmt tøj og kraftige soveposer.

Diagrammet nedenfor viser placeringen og højden af basecamp, lejr ½, lejr 1, lejr 1½, lejr 2 samt lejr 3. Umiddelbart giver illustrationen ikke indtryk af afstanden mellem lejrene, men der er nogenlunde lige langt mellem alle hovedlejrene (1, 2 og 3), mens afstanden fra lejr 3 til toppen er noget længere. Dette sammen med den større højde giver den lange topdag, som bestemt ikke skal underestimeres. De fleste vil gå i et meget nedsat tempo til trods for den markant lavere stigningsgrad. En fordel på dette stræk er dog, at blæsten ofte har gjort sneoverfladen hård.

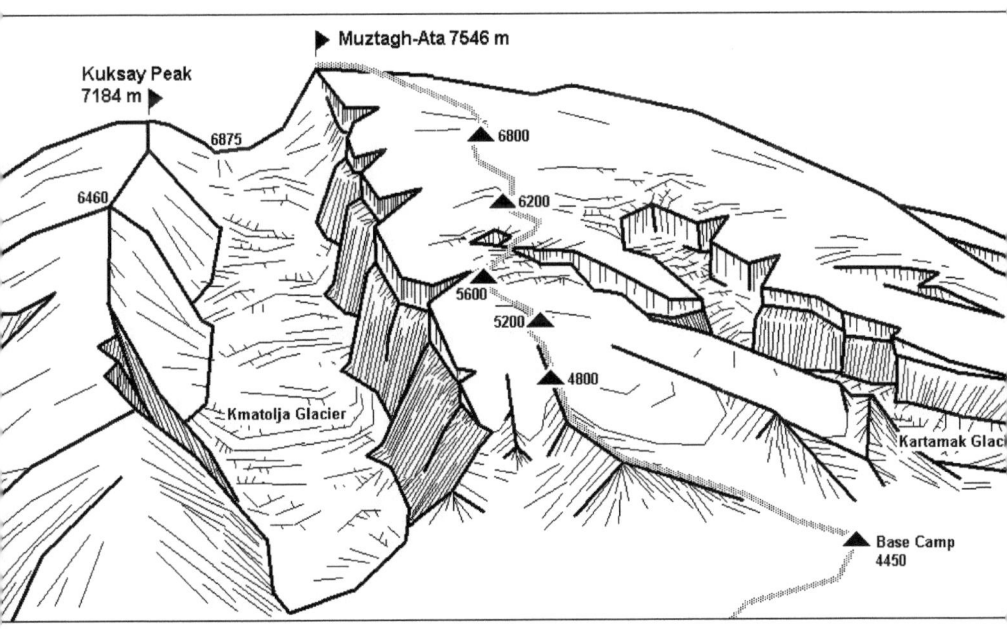

Forsvundet på bjerget

Lidt om de enkelte dage.

Basecamp til C1

Normalt vil denne del af ruten være ad en sti - en del af vejen i løst grus. Dog er den sidste del tit over sne, hvor steigeisen kan være nødvendige. Det forudsætter dog, du er på bjerget i den normale sæson fra juli til starten af september. Udenfor denne kan der være sne langt længere ned.

Ruten til lejr 1 følger en tydelig sti, som krydser en lille bæk, derefter følger den en ikke særlig udpræget ryg. Omkring 4800 meter passerer du C½, som er et lille, næsten vandret plateau med plads til nogle få telte. Til en blid akklimatisering vil det være et perfekt sted for en lejr. Et problem kan dog være få vand, hvis der ikke er sne i nærheden.

Ovenfor er der nogle enkelte lidt stejlere passager og det sidste stykke op mod C1 føles relativt stejlt. Når du når til omkring 5200 meter begynder der at dukke flere udmærkede teltplatforme op. Her er der plads til en del telte.

Nær lejren er der ofte rindende vand fra snefelterne ovenfor, pas dog på vandet ikke er forurenet, da der også er lejrmuligheder længere oppe. Vil du sikre dig ordentlig kvalitet, og har du ikke problemer med højden, er lejralternativet højre oppe lige under isfaldets start en god ide. Der er et større plant område til denne lejrplacering i omkring 5450 meter.

C1 to C2

Ruten til C2 er lidt længere og noget hårdere pga. højden og da du ikke går direkte mod lejren, men zig-zagger en hel del. Samtidigt kan isfaldet sommetider byde på nogle udfordringer, selv om det oftest er relativt afslappet. De fleste vil være noget trættere ovenpå denne dag i forhold til turen op til C1.

Du starter med at gå mod venstre under den første del af isfaldet, traverserer derved en stor lidt stejl sneskråning. Man skal ikke gå for langt, da snefelterne under gletsjeren ender ved den stejle væg ned mod Kmatolja gletsjeren (se billedet side 17). Specielt i dårligt vejr med ringe sigt og et spor, der er forsvundet i nysne, skal man passe på her.

Hvor du går op på gletsjeren styrer du efter en sænkning i seraccerne, kommer op i en slags pas og går op på en isryg (se billedet side 34-35).

Snefelter kort før lejr 1. Marie og Casper på vej op

Lejr 1 ligger fordelt på flere sæt af næsten vandrette hylder, hvor teltene står forholdsvis komfortabelt

Ruten op gennem isfaldet ændrer sig hvert år. En gletsjer er en levende ting og isfald er det sted, der hurtigst forandres. Men generelt er der en slags sænkning i midten af isfaldet, hvor der ikke er spalter eller i hvert fald ikke så mange. Det er denne zone, du skal styre ind mod.

Da vi var der, fulgte vi en isryg ind mod den centrale sænkning, gik op gennem sænkningen indtil den sluttede op mod nogle større seracvægge. Her drejede vi op til højre indtil vi var over højde af seraccerne og drejede så mod venstre og fortsatte på tværs af isskråningen indtil terrænet blev mindre stejl. Derefter gik det lige op mod lejr 2, der var dog stadig et stykke til lejren. Lejren ligger der, hvor der er et relativt flad sted, lige før det stejler til igen. Dette er den første lejroption i 6200 meter, men ovenfor den stejle skråning og lidt til venstre, når du kommer op, befinder der sig yderligere en mulighed i form af et mere horisontalt område.

Jeg har fra andre hørt, der visse år har været en dyb spalte øverst i isfaldet, en spalte man skulle krydse, og jeg tror godt jeg ved, hvor den befinder sig. Vi oplevede den blot ikke som et problem på vores vej op, da man kunne gå

Ruten gennem isfaldet er her tydeligt markeret af såvel sporet som klatrere fra andre ekspeditioner på vej mod lejr 2. Klatrerne nederst er i den omtalte sænkning, højere oppe kan du se hvor ruten drejer direkte op mod lejren. Øverst på horisonten kan du se yderligere et hold på vej.

udenom lige der, hvor den startede. Men i de år, hvor den er et problem, vil der være nogen, som placerer et fast reb, som man kan bruge til at krydse den. Der var faktisk placeret noget reb her, og det fik stor betydning, for hvad der skete den sidste gang, vi gik ned.

C2 til C3

Du starter fra lejr 3 direkte op ad den stejlere snevæg ovenfor lejren. Der er godt 100 højdemeter op ad den, før du til venstre kan se den næste lejrmulighed. Foran dig kommer endnu en stejlvæg, før det flader noget ud og hældningsgraden bliver relativt lav. Videre op følger du flere på hinanden følgende sneskråninger uden den store variation. Ruten går en smule mod højre næsten hele tiden.

Vi havde meget nysne og der var i det hele taget faldet meget sne i tiden op til, derfor så vi ikke de spalter, som andre beskriver. Der skulle være en større spalte i omkring 6500 meters højde, den skulle endda være markeret, men jeg så intet til dette.

Den første mulighed for lejr 2, som vi benyttede, ligger i 6200 meter i et relativt horisontalt område. Der skulle dog stadig graves platforme for ikke at komme til at ligge i et skrånende telt. Det er bestemt ikke let arbejde i 6200 meter, når man ikke er helt akklimatiseret endnu.

I omkring 6800 meter kommer der endnu en lille sænkning, hvor mange placerer lejr 3. Højere oppe i ca. 7000 meter er der et større næsten horisontalt område, hvor der er plads til mange telte, men det er nok for højt til de fleste at gå til denne, selv om det naturligvis reducerer længden af topdagen.

Topforsøget fra C3

Der er ikke meget at orientere sig efter højt på Mustagh Ata. Den ene skråning efter den anden følger i, hvad der føles som en uendelighed. Hældningen aftager hele tiden, så meget at det i dårligt vejr er særdeles svært at finde vej og finde den rigtige top.

Men udsigten er fantastisk. Både mod mere fjerntliggende bjerge, men også mod Mustagh Atas mindre naboer såsom sydtoppen af massivet, den 7277 meter høje Kalaxong. Er vejret rigtig klart, så kan du mod sydsydøst være heldig at se K2, verdens andethøjeste bjerg.

Et stykke oppe drejer den ikke særlig udprægede ryg en smule mod venstre og du vil foran dig se nogle rundede isrygge og en klippetop (nærmere

Vi har lige forladt teltene i lejr 2, som ligger til venstre for Marie, og er på vej op ad den lidt stejlere skråning. Nogle steder er den betegnet som en 40 graders hældning, hvilket er langt fra sandheden. De fleste mennesker ville ikke umiddelbart kunne gå op ad så stejl en hældning. Den er nok 20 grader.

en grustop, men klippen er lige nedenunder). Grusbunken er en falsk top, som du ikke behøver gå op på. I stedet passerer du mellem den og isryggene, nu ligger toppen lige foran dig. Du vil formentlig hurtigt få øje på nogle flag, som markerer den rigtige top. Det går ikke meget opad mere, men det er længere end man lige tror, også fordi tempoet sikkert er reduceret.

Højdeudfordringer

Man skal passe på med at underestimere et bjerg af denne højde. Ordentlig akklimatisering er ekstremt vigtig, det kommer jeg tilbage til, og det kan blive koldt på Mustagh Ata. Tænk på at temperaturen i gennemsnit falder med 6 grader for hver tusind meter, du stiger op. Hvis temperaturen i Kashgar f.eks. er omkring 25 grader (byen ligger i omkring 1000 meter), så kan den nær toppen af bjerget være minus 11 grader Celsius (25 - 6x6 = -11). Føj dertil den ofte kraftige vind og du vil have en temperatur, der måske mere føles som -30, når wind-chill faktoren er taget i betragtning.

Du vil måske opleve, at det største problem ikke er kulde men tværtimod varme. I bagende middagssol, hvis der ingen vind er, kan temperaturen føles som 30 grader. Skal du hvile inde i et telt under sådanne forhold, kan temperaturen blive op til 50 grader. Jeg har selv målt endnu højere temperaturer i mit telt i de nærliggende Karakoram Bjerge på vej op ad både Broad Peak og Gasherbrum I, men under tilsvarende forhold og højde som du vil kunne opleve på Mustagh Ata.

Snesko er næsten et must på Mustagh Ata, hvis du da ikke overvejer en skibestigning. Er der faldet meget nysne på bjerget, vil det være tæt på umuligt at komme op uden enten snesko eller ski. Jeg har prøvet at gå mellem lejr 1 og 2 i dyb sne uden snesko. Sneskoene var efterladt i lejr 2, sidst jeg var deroppe, og så faldt der store mængder sne, mens jeg var i basecamp. Det var virkelig hårdt og tog halvanden gang så lang tid som den forrige tur op - til trods for den bedre højdeakklimatisering, jeg havde fået i mellemtiden.

Hvad angår skibestigning, så har jeg ikke personlige erfaringer, men det er givet, at du skal være relativt erfaren for at give dig i kast med det. Hældningen angives i gennemsnit til mellem 15 og 18 grader, stejlere i den nedre del af bjerget og aftagende jo højere du kommer, dog med undtagelse af isfaldet mellem lejr 1 og 2, hvor stejlheden kan være betydeligt større og vil variere fra sæson til sæson alt efter isfaldets beskaffenhed.

Bemærk at skiløbere ofte regner i hældningsprocent og tror det er det samme i grader. Procenten udregnes som hvor meget du falder ved at køre en meter frem, falder du 20cm på en meter, er procenten altså 20. Der er meget stor forskel på grader og procent, f.eks. er 45 grader det samme som 100%, og det er vildt stejlt.

Noget som mange også glemmer, når de tænker det er let at bestige et bjerg som Mustagh Ata, er de logistiske problemer. Med mindre du er forakklimatiseret og vil gå direkte efter toppen i alpin stil, så vil du have brug for at gå op og ned nogle gange, overnatte i flere af lejrene, helst flere nætter. Dertil skal der bæres telte op, soveposer, liggeunderlag, kogegrej, gas, mad og meget mere. Skal du selv gå med dette, så er det for nogle en såvel fysisk som mentalt opslidende opgave. Jeg har altid selv betragtet dette som en del af den fysiske træning til selve topforsøget, og har aldrig syntes det var hårdt, kedeligt eller opslidende. Faktisk hygger jeg mig med det og synes det er med til at opbygge min selvtillid inden topforsøget, men mange synes kort og godt at det er træls.

Man kan købe sig til hjælp, men prisen på denne hjælp er på vej i vejret med raketfart. En del af min gruppe købte sig til denne hjælp og betalte alt afhængigt af højden mellem 5 og 10 amerikanske dollar pr. kilo, de fik båret op. Men som sagt den pris holder nok ikke længere. Er du af den type, der ved, du enten slider dig selv op eller går mentalt kold over at gå det samme stræk flere gange med tung bagage, så er det nok en god investering.

Et andet problem med et bjerg af denne højde er fødeindtag. De fleste vil mærke at appetitten falder, når de bevæger op i 6-7000 meters højde. Samtidig bruger kroppen uanede ressourcer på at holde sig i gang og varm, så du forbrænder langt mere. Får du ikke tilstrækkelig mad indenbords, vil du hurtigt blive udmattet og vil få svært ved at holde varmen.

Medvirkende til ikke at kunne holde varmen er også, at højdeakklimatiseringen påvirker dit blod, så det bliver tykkere af de mange røde blodceller, der skal transportere ilt. Det betyder desværre også, at blodet har lidt sværere ved at nå ud i perifere dele såsom tæer og fingerspidser. Kan du ikke holde varmen der, så risikerer du forfrysninger. Den bedste kur mod dette er at drikke mere end rigeligt. Men i denne højde kommer alt vand fra sne, som først skal smeltes. Og det tager tid og kan være lidt besværligt særligt, når vejret ikke er godt. Men det er et logistisk problem som SKAL overkommes. Jeg kommer tilbage til, hvorfor netop vandet er så ekstremt vigtigt.

Forsvundet på bjerget

Planlægning

Inden man går i gang med et bjerg som Mustagh Ata er det vigtigt at have lagt en plan for akklimatisering såvel for selve topforsøget. Man skal dog være helt klar på, at planen ikke skal følges slavisk, men skal tilpasses efter forhold såsom hvordan deltagerne akklimatiserer, hvordan vejret arter sig og hvordan forholdene på bjerget i øvrigt er.

Dermed kunne man forledes til at tro, at det er spild af tid at planlægge bestigningen. Men det er det bestemt ikke. Med planen i hånden har man en ide om, hvor meget mad og brændstof der skal bruges på bjerget, man får en ide om hvorvidt toppen overhovedet kan nås indenfor den tidsramme, der er til rådighed. Jeg har tit mødt klatrere, som har en helt urealistisk kort tid til at bestige et højt bjerg. Jeg kunne have dem mistænkt slet ikke at have udarbejdet en plan, for en sådan ville have afsløret deres totalt urealistiske ide om, at nå toppen af bjerget indenfor en alt for kort tidsramme.

Planlægningen skal bl.a. være med til at forhindre, at man render ind i

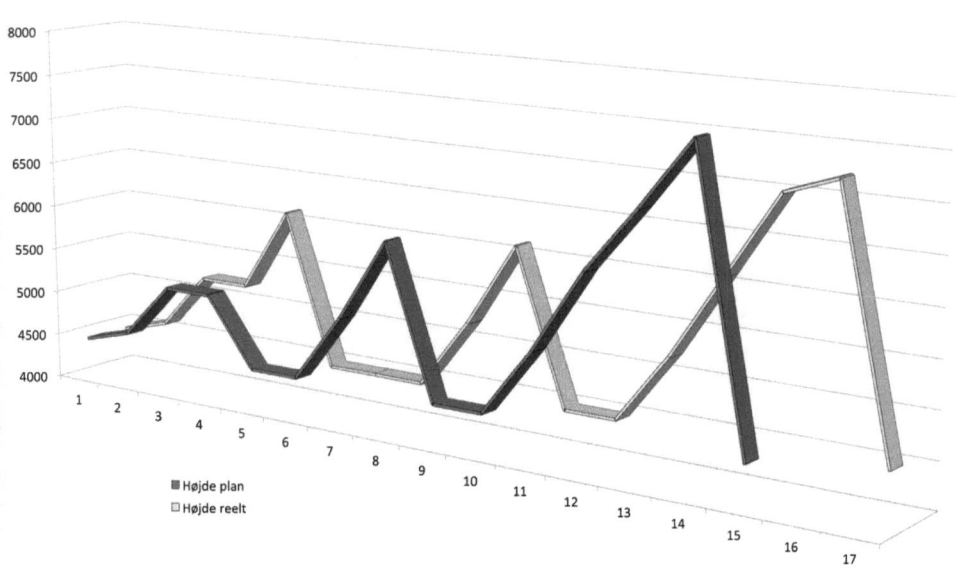

alvorlige problemer såsom dødsensfarlig højdesyge, som ofte kommer fordi man forsøger at forcere tempoet og komme hurtigere i højden end det er klogt.

Allerede hjemmefra havde jeg en ide om, hvordan planen så ud, hvilket bl.a. udmøntede sig i, hvor mange dage vi tilbragte i de stadig højere beliggende byer, som vi kom igennem på vores vej til Mustagh Atas fod. Dette var allerede en del af akklimatiseringen, selv om mange først ser det som noget, der finder sted efter du har nået basecamp.

Da vi så rent fysisk var i basecamp kunne jeg så detailplanlægge dagene på bjerget, så de blev udnyttet fornuftigt og ikke mindst, så deltagerne kunne opnå en fornuftig akklimatisering uden at stresse kroppen for meget og måske havne i en farlig situation mht. risikoen for højdesyge. Det, vi reelt gennemførte, var, som højdekurve-figuren på forrige side viser, en del forskelligt fra det planlagte.

Selv om alt er planlagt på forhånd, er det alligevel et stort arbejde med at pakke til en konkret tur op ad bjerget. Bettina har ryddet teltet for alle sine egendele og er i gang med at sortere. Hvad skal med, hvad skal ikke med på akklimatiseringsturen?

Akklimatisering

Der er nogle tommelfingerregler for akklimatisering, som det er en god idé at kende. Som med mange andre regler, er det ofte sådan, at man ser sig nødsaget til at bryde dem. Mustagh Ata er i virkeligheden ikke det værste bjerg i den sammenhæng, da der er så mange muligheder for placering af lejre, hvilket netop kan være problemet må mange stejlere bjerge.

Første tommelfingerregel handler om, hvor hurtigt man kan tillade sig at stige i højde. Går det for hurtigt risikerer man alvorlig højdesyge såsom lungeødem eller hjerneødem, men det kommer jeg tilbage til.

Tommerfingerreglen træder i kraft når du kommer højere end 3000 meter. Den siger, du højst må stige 300-500 meter i sovehøjde om dagen og tage en hviledag for hver 1000 højdemeter sovehøjden er steget. De 500 højdemeter skal betragtes som absolut maksimum, det er MEGET sikrere at holde sig til 300 meter, specielt hvis man ikke er helt sikker på sin egen reaktion på højden.

Figuren nedenfor viser et tænkt eksempel kørt helt efter reglerne. Højden, der her er sovet i, stiger 3-400 meter pr. døgn, men i løbet af dagen har bjergbestigerne været højere oppe. Det kunne være Mustagh Ata, da den sidste dag netop ender i godt 7500 meter, men det ville kræve, at man gik opad hele tiden og ikke returnerede til basecamp for at hvile samt hente mere mad og gas.

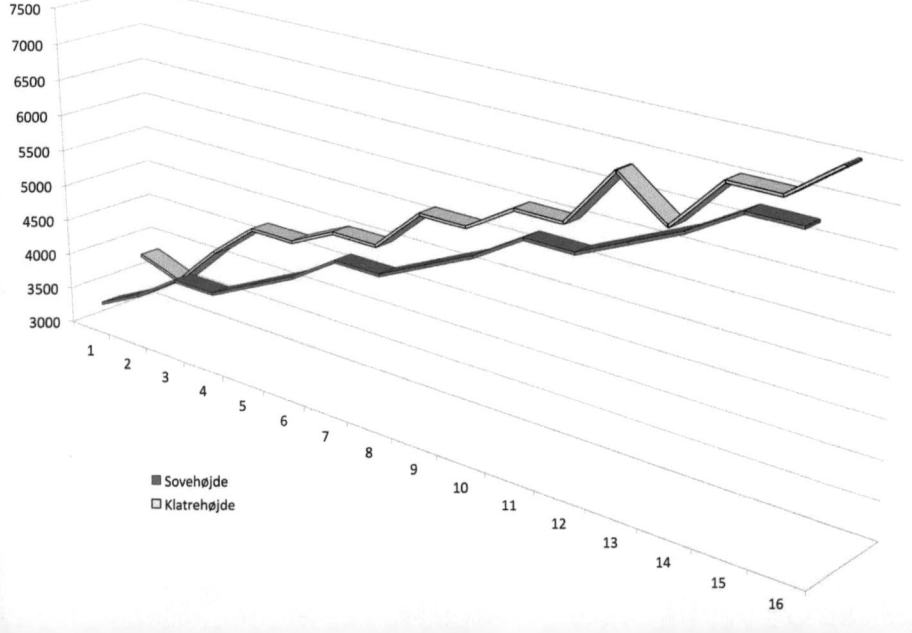

Videnskaben siger ganske vist, at man ikke nødvendigvis reagerer på samme måde på højden hver gang, men min erfaring fra mig selv og dem, jeg har klatret med i mange år, er, at for den enkelte ret fungerer det ret ensartet fra gang til gang. Jeg vil naturligvis ikke tage ansvaret for denne påstand, hvis det skulle gå galt for andre, men min erfaring gennem over 30 år med både mig selv og mine kolleger siger noget andet end det officielle budskab.

Hvordan ser det så ud i et konkret eksempel? Lad os tage et sted, mange mennesker kender, trekket til Everest Basecamp (EBC). Her lander du med fly i Lhukla i 2800 meter, hvis du da ikke går hele vejen fra Jiri. Herfra går du ind til EBC på 9 dage. Turen med kommentarer til brud på reglerne:

1. Landing i Lukla, gå til Monjo i 2800 meter. Ikke over 3000 meter.

2. Monjo til Namche Bazar i 3450 meter. Lille brud på 300m reglen, men vi er kun lige kommet over 3000 meter, så det er ikke så slemt.

3. Akklimatiseringsdag i Namche af hensyn til ovenstående samt fordi næste dag også bliver et brud på reglen. En dagstur til ca. 3800 meter giver kroppen lidt forberedelse til næste dags højde.

4. Namche Bazar til Tengboche i 3850 meter. Lille brud på reglen og nogle kan faktisk mærke højden tydeligt her i form af en svag hovedpine.

5. Tengboche til Pheriche i 4250 meter. Igen et lille brud, men kun fordi vi hele tiden går 400 meter højere pr. dag og ikke kun 300.

6. Pheriche til Duglha i 4600 meter. Lille brud, men tæt på er OK.

7. Duglha til Lobuche i 4950 meter. Højden mærkes tydeligt og selv vi holder os tæt på reglerne, vil mange kunne mærke højdeøgningen. Jeg har været ude for andre grupper, som har presset citronen og gået hurtigere op, som regel er det her, de får problemer. Jeg har sendt folk ned i hast midt om natten med en begyndende lungeødem.

8. Lobuche til Gorak Shep i 5150 meter. Ingen regler brudt, men næsten alle vil mærke højden alligevel.

9. Gorak Shep til BC i ca. 5300 meter og retur til f.eks. Lobuje eller længere ned. Her vil de fleste puste godt, men komme sig hurtigt.

Anden tommelfingerregel er måske den vigtigste til at undgå at det går helt galt. Hvis du har tre eller flere symptomer på mild højdesyge, skal du søge til lavere højde og gerne betydeligt lavere højde - og gerne hurtigt.

Hvad er så milde symptomer?

- Hovedpine er som regel det første symptom, der kommer. Kommer hovedpinen i nakken er det som regel tryk og træk fra rygsækken, der har forårsaget det. Sidder det i panden er det sandsynligvis højden.

- Kvalme og opkastning kommer ikke nødvendigvis samtidigt. Kvalme kan man have i dagevis uden opkastning.

- Mangel på appetit, som kan blive så slem, at personen slet ikke kan indtage noget som helst, specielt ikke hvis det er forbundet med foregående symptom.

- Svimmelhed kan optræde i mange forskellige former fra lidt "efterslæb" når man drejer hovedet hurtigt til mere alvorlig karakter, hvor personen har svært ved at holde balancen. Sidstnævnte kræver nøje overvejelse uanset om der er andre symptomer til stede, da det kan være første signal om hjerneødem.

- Hævelse, som ofte viser sig først på hænder og fødder, men ofte også i hovedet. Håndhævelse kan også skyldes stramme rygsækremme.

- Søvnløshed optræder i mange former bl.a. kan man blive vækket af det såkaldte Cheyne-Stokes respiration, som betyder at man ånder i en ujævn rytme, der betyder man føler det som om man er ved at kvæles, når åndedrættet er udeblevet et lille stykke tid.

- Træthed, som let kan være en følge af flere af ovenstående.

- Stakåndethed, som kan være et tidligt symptom på mere alvorlig højdesyge i form af lungeødem, men også blot kan være tegn på, at der ikke er nok røde blodlegemer endnu - eller at du bare ikke kan finde ud af at gå i det rigtige tempo og finde en god langsom rytme.

- Følelse af at være lidt ved siden af sig selv. Det er ikke så fedt som "normale" ud af kroppen oplevelser, og kræver også lidt mere overvågning, da det igen kan være et tidligt symptom på noget alvorligt.

Hvis du har milde symptomer og har haft i nogle dage, er det en god ide at blive en eller flere dage i samme højde, og se om de ikke går over.

Tredje tommerfingerregel træder i kraft, når du enten har brudt ovenstående regler og har fået nogle af de alvorlige symptomer, eller måske har du ikke brudt reglerne, men alligevel - hvilket heldigvis ikke sker så ofte - har du fået alvorlige symptomer.

Hvad er symptomerne på alvorlig højdesyge?

- Der optræder oftest flere af de milde symptomer på en gang og de er måske forværret, men i sjældne tilfælde går den ramte direkte fra normalt fungerende til alvorlige symptomer.

- Vedholdende hoste og hvis den er våd eller endog med lyserødt skum ud af munden, så er den gal med lungerne.

- Boblende lyde fra lungerne er også et sikkert tegn på lungeødem.

- Stakåndet selv efter et stykke tid i hvile skyldes igen vædskeophobning i lungerne.

- Klodsethed og svært ved at gå lige. Få personen til at forsøge at gå efter en lige streg på jorden, fejler det er det næsten sikkert hjerneødem.

- Irrationel opførsel, måske ligefrem en ændring af personens normale mentalitet, er også tegn på vædskeophobning i hjernen.

- Dobbelsyn kommer igen af forstyrrelser i hjernen pga. overtryk.

Søg ned hurtigst muligt og helst mindst 1000 højdemeter, få medicin for din højdesyge, søg læge om muligt, kom evt. i en Gamow bag om muligt. En Gamow bag er en kropslang pose, der kan lukkes lufttæt, der pumpes så overtryk på, så personen i posen bliver trykket 1000-2000 højdemeter ned.

Forsvundet på bjerget

Fjerde tommelfingerregel drejer sig om væskeindtag. Det er simpelt hen en af de vigtigste ting under akklimatiseringen, at man drikker rigeligt. Der er en tydelig sammenhæng mellem mængden af væske, du indtager, og mængden af højdesymptomer, du vil opleve. Ofte kan du endog få mindre højdesymptomer til helt at forsvinde ved blot at drikke rigeligt. Som eksempel oplever jeg ofte, at at deltagerne på nogle af mine ekspeditioner kommer frem til en lejr med en slem højdehovedpine. Jeg siger, de skal drikke omkring en liter væske, og når det er sket hvile sig lidt med hovedet højt. Resultatet er gerne, at deres hovedpine forsvinder helt eller bliver reduceret betragteligt.

Vi akklimatiserede med nogle ture i nærheden af basislejren, inden vi begyndte at gå op ad selve Mustagh Ata, så vores program i højden kom til at se ud som følger, inden vi kom til selve topforsøget:

1. Ankom til Subashi i 3740 meter fra Kashgar. Jeg gik til et højdepunkt i nærheden, 3940 meter.

2. Gik til basecamp i 4450 meter.

3. Akklimatiseringstur mod syd langs bjerget til og rundt om Kartamak gletsjeren. Vi gik primært nedad og var på intet tidspunkt højere end basecamp. Men det er lige så vigtigt at røre sig.

4. Akklimatiseringstur og opbæring af noget bagage til C1 i 5200 meter.

5. Gik op for at overnatte i C1 i 5200 meter.

6. Gik op til C2 i 6200 meter og derefter ned til basecamp.

7. Restitutionsdag i basecamp, 4450 meter.

8. Dårligt vejr - restitutionsdag i basecamp, 4450 meter.

9. Dårligt vejr - restitutionsdag i basecamp, 4450 meter.

10. Gik op til C1 for at overnatte i 5200 meter.

11. Gik op til C2 for at overnatte i 6200 meter.

12. Gik ned til basecamp for restitution inden topforsøg.

13. Restitutionsdag i basecamp, 4450 meter.

14. Topforsøget starter d. 13.8.

Kartamak gletsjeren, som vi rundede under akklimatiseringsturen fra basecamp

Marie på vej gennem den nedre del af isfaldet under en af akklimatiseringsturene til C2

Endelig afsted

Dagen før vi starter vores topforsøg, får vi endelig fat i noget ordentlig højdeproviant. Vi har gennem flere dage prøvet at få vores russiske guide, Ivan, til at indse, at hans Kirgisisk indkøbte madvarer for det første ikke egner sig til vores smagsløg og samtidig ikke er at betragte som højdeproviant. Der er en del på dåser, hvilket i forhold til vægten giver alt for lidt næring. Mange af madvarerne er russiske specialiteter og lækkerier, som for os smager nærmest afskyeligt. Nogle af os kan til nød spise det i basecamp, men oppe i højden, hvor appetitten har det med at være lidt mindre, bliver man mere følsom overfor fremmedartede smage. Den mad duer simpelt hen ikke for os til topforsøget.

Heldigvis har Akbar fundet ud af, at det tyske hold, som vi deler basecamp med, og som har været på toppen, har en hel del frysetørret mad og nogle andre gode ting til overs. Vi snakker med dem, og får set på hvad de har. Prisen bliver ikke helt så lav, som jeg havde håbet på, selv om jeg er sikker på, at de helst vil undgå at skulle have det med hjem. På den anden side, så ved de jo godt, når vi spørger om den slags i basislejren, er vi nok

Nogle meget smukke skyformationer fortæller os, at nu er det dårlige vejr slut. Tid til toppen!

rimelig meget i bekneb med noget ordentlig højdeproviant.

Vi ender med at købe rigelig frysetørret mad og en del delikatesser til omkring halv nypris, så er alle tilfredse med handelen, og vi er så klar som vi kan blive til topforsøget.

Akklimatiseringen har virket fint på de fleste, specielt er dem, som var svagest fra starten blevet væsentligt stærkere. Status er:

- Holdets par, Casper Stenholt og Marie Schleisner, som inden denne ekspedition bl.a. har været på Imja Tse (Island Peak) er meget fint gående, har været det fra starten, men har også akklimatiseret fint.

- Nils Thomsen, som har klatret meget i Alperne i syne yngre dage og har været på Nepals højeste trekking peak Mera Peak, var ikke så stærk i starten, men han bliver bedre og bedre for hver dag og højde-tilvænner sig tilsyneladende meget fint.

- Finn Rüdinger, som inden denne tur har besteget hele tre 6-tusind meter bjerge - Stok Kangri, Mera Peak og Aconcagua - er relativt godt gående, men virker ikke helt stabil.

- Bettina Larsen, som tidligere har været på Kilimanjaro og Aconca-gua, går ikke så hurtigt, men virker meget stabil og udholdende.

- Glenn Larsen er en undtagelse. Han har en god mængde erfaring fra Mont Blanc, Elbrus og Stok Kangri, men har haft det hårdt hele tiden. Relativt til de andre er det helt grelt. Hvor de fleste nu klarer højden fint, så kæmper han stadig med den trods næsten 14 dages ophold imellem basecampens 4450 meter og lejr 2's 6200 meter. Han kom da også hen til mig, da Ivan og jeg planlagde selve topforsøget, og sagde, han formentlig ikke skulle med op. Han var meget udmyg, ville bare sinke os andre, hvilket jeg desværre måtte give ham ret i. Jeg havde gerne undet ham denne oplevelse, men det har peget den anden vej hver gang, vi har bevæget os op ad bjerget. Han ville dog give det en sidste chance og gå med op til lejr 1. Skulle der vise sig en ændring i hans tilstand, så ville han fortsætte.

Ud over gruppen og mig selv, så er der naturligvis også vores guide Ivan samt en lokal bærer, som tjener sig en god løn ved at bære telte, soveposer, udstyr og meget andet op for en del af deltagerne. Jeg bærer som altid alt mit

Forsvundet på bjerget

eget, da jeg helt personligt føler, jeg snyder, hvis jeg lader andre tage mine ting for mig. Den sidste, som følges med os, er Anneli Wester, en svenske bjergbestiger, som vi har talt en del med i basecamp, da hun telter lige i nærheden. Hun har været på bjerget meget længe og burde være helt fantastisk akklimatiseret. Hun forsøgte først på den anden side af bjerget, men besluttede sig for at komme til vestsiden.

Hun måtte så helt til Kashgar for at få en ny tilladelse til vestsiden af Mustagh Ata, hvor vi mødte hende i basecamp. Hun gennemfører ofte bjergbestigning alene, men måske er hun alligevel kommet til at føle sig ensom. Hendes telt ligger lige i nærheden af vore, så vi snakker tit sammen.

Anneli har haft en hård barndom, så hård at det er svært at sætte sig i hendes sted og forstå hendes tanker. Hun blev misbrugt som barn, men ingen ville tro hende, derfor forsøgte hun at tage sit eget liv ved hængning. Selvmordsforsøget og andre skader hun påførte sig selv kostede hende alle fingrene på den venstre hånd og yderligere en på højre hånd. Hendes manglende benstyrke også har noget med selvmordsforsøg at gøre, gennem indtagelse af en overdosis medicin, men faktum er at i hendes bjergstil tager hun hensyn til det. Hun vil gerne bestige bjergene i alpin stil, men der skal være

meget kort mellem lejrene, ellers kan hendes ben simpelt hen ikke klare det.

Hendes plan havde oprindeligt været at stige 300 meter hver dag, flytte sit telt indtil det stod på toppen, hvor hun også ville overnatte. Det betød store mængder forsyninger, så hendes rygsæk vejede ca. 30 kg. fra starten. Hun nåede op og overnatte i C3 i 6800 meter, hvorfra hun startede opad, men måtte vende om i kraftig tåge.

Hun tilbragte 3 dage i teltet i C3 indtil forsyningerne var sluppet op, og returnerede derefter til basislejren, hvor vi nu har truffet hende. Hun har nogle meget tiltalende holdninger på mange områder, men jeg diskuterede hendes afdøde kollega Göran Kropp og hans bedrifter med hende. Her var vi ikke enige. Hun kritiserede ham og kaldte ham snyder, muligvis fordi han ikke klatrede alene hele tiden, hvilket han ellers påstod. Jeg vil nu mene hans "snyd" var begrænset; Under topforsøget fulgtes han med en baskisk klatrer, som han delte telt med. Jeg synes hans bedrifter er imponerende.

Lidt historie: Göran Kropp besluttede sig for at cykle fra sit hjem i Jönköping i Sverige til Jiri i Nepal medbringende alt han skulle bruge på bjerget, såvel udstyr som mad. Jeg mødte ham såvel i Kathmandu som i basecamp. Her udførte han en bemærkelsesværdig bedrift, han gik ikke ad den rute, som et hold sherpaer havde etableret gennem isfaldet, men klatrede helt ude langs siden af isfaldet nærmest oppe på væggen mod Lho La (pas ind til Tibet) og Everest. Ruten var både svær og farlig, da væggen er stejl det sted og samtidig er truet af store seraccer, der ind imellem sender kæmpe islaviner ned ad skråningerne mod isfaldet. Da Göran havde vist, det var muligt, gik han tilbage ad den etablerede rute, som han så også brugte under resten af akklimatiseringen og da hans topforsøg startede. Göran blev den første nordbo uden iltflasker på toppen af Everest, idet Veikka Gustafsson og jeg måtte vende om dagen før. Vi var for trætte af deltagelsen i redningsaktionen i katastrofeåret 1996, her havde Göran ikke deltaget.

For øvrigt blev Göran spurgt af journalister efter succesen, hvad hans plan så var, nu dette projekt var afsluttet. "Hvad mener i? Jeg er ikke færdig før jeg har cyklet hjem igen," var Görans svar. Det blev en hård tur hjem for ham, selv om hans kæreste Renata besluttede sig for at cykle den sammen med ham. Turen ud havde taget omkring 6 måneder, turen hjem tog endnu længere, da han pådrog sig leverbetændelse på vejen og var indlagt en tid.

Forsvundet på bjerget

Både Anneli og Göran er/var besynderlige, spændende og berigende mennesker at være sammen med. Jeg elsker at møde den slags.

Måske er det en skidt dag, men vi starter op mod toppen af Mustagh Ata fredag d. 13 august. Alle pånær Glen er fint gående op til C1, hvor vi overnatter. Glen kommer da også hen til mig næste morgen, hvor vi skal videre mod C2, og overdrager symbolsk sit frysetørrede mad til mig. "Det får jeg ikke brug for, jeg går ikke med videre op." Jeg giver ham et kram og siger til ham, det nok er den klogeste beslutning. For Glen er der nu kun tilbage at pakke sine ting og returnere til basecamp, hvor han vil vente på os, til vi kommer tilbage fra topforsøget.

Turen op til lejr 2 går let for os, velakklimatiserede og gående på sne, der har fået en god, hård overflade af den hårde blæst, der har været siden vi

sidst var heroppe. Vi er også afsted så tidligt på dagen, at sneen ikke er blevet blødgjort.

Sidst var det lidt trangt i C2 med de tre telte, vi sov i. Denne gang har vi et ekstra telt med op, så vi ikke behøver sove 3 personer i nogen af teltene. Aftenen i C2 har en positiv indflydelse på os. Der kommer ganske vist en del skyer, men de sænker sig ned under os og giver verden et helt drømmeagtigt udseende. Lavlandet er skjult under skyerne og vi ser solen forsvinde ned i skyhavet i et rent farveorgie. Det virker som om vejret er med os.

Topforsøg

Lørdag d. 15. Tidligt om morgenen bliver vi vækket tidligt om morgenen, ikke af et vækkeur, ikke af Ivan eller en af vores bærere. Der er støj fra mennesker udenfor og en der råber om hjælp. Det tager ca. 1/1000 sekund at blive absolut vågen med hjertet oppe i halsen. Hvad sker der? Det er nu ikke umiddelbart så alvorligt, viser det sig. Det er den tyske ekspeditions leder, Werner, som er på vej op for at redde et af sine medlemmer.

Werner er lidt forkommen og spørger efter vand og et kommunikationsmiddel. "Do you have a handy," siger han i en blanding af engelsk og tysk. Tyskerne kalder en mobiltelefon for en "handy." Han får først en flaske vand af mig, men flasken er for stor til hans lomme – han bærer ingen rygsæk, den har bærerne, som er noget efter ham. Så får han en flaske af Finn. Han fortsætter derefter op efter Michael, som ligger i et telt højt oppe på bjerget. Vi får hele historien senere.

De har trods tæt tåge været på toppen i flere grupper. Werner forrest sammen med 3 andre. På vej ned møder de andre fra gruppen på vej op, og allersidst kommer Michael. Michael beslutter sig på et tidspunkt for at opgive toppen og vender om med tre han møder, som har været oppe.

De fortsætter ned et stykke tid inden Michael af uvisse årsager kommer bort fra de andre. Han har ikke helt styr på, hvor han er og går en del rundt på må og få. Ved et tilfælde finder han 2 gule telte i ca. 7000 meters højde, nærmere præciseret med GPS af Werner senere til 6980 meter.

Michael lægger sig ind i det ene telt, hvor der er et liggeunderlag, en gaskoger og gasflasker. Han forsøger at ringe til basecamp – der er mobilforbindelse via en antenne ved Karakulsøen, hvortil man kan se fra de øvre dele af bjerget. Af uforklarlige årsager kan han ikke komme igennem. Men han kan ringe til sin kæreste hjemme i Tyskland. Og hun giver besked om, hvor han befinder sig. Han ved ikke om det er en af de sædvanlige lejre eller han er kommet helt galt af sporet. For ham er det bare to gule telte, og det er denne besked, der når Werner i basecamp.

Werner diskuterer situationen med Rahman, bærernes koordinator i basecamp. De beslutter at iværksætte en redningsaktion. Den startes kl. 11 om aftenen, hvor Werner, som selv er en stærk person, Rahman og 3 bærere starter op ad bjerget mod den formodede lejr 3+, hvor Michael befinder sig. Rahman bliver i lejr 1, da hans koordinerende funktion er påkrævet lavt på bjerget. De kommunikerer via mobiltelefon, men da Werner ikke har en med og da bærerne hele tiden skal holde rygepause – hvilket Werner tydeligt irriteret kommenterer til os – kommer han op til os uden forbindelse til de andre. Han spørger om en mobil og vand, da bærerne har alle disse ting i rygsækken - måske ikke helt godt planlagt, men Werner har travlt.

Werner fortsætter op og når mange timer senere et enligt, lille grønligt telt i ca. 6800 meters højde, hvor C3 normalt ligger fordelt over skråningen. Han kigger i dette telt, men her er ingen Michael.

Imens ligger Michael i det ene af de gule telte, nu på andet døgn. Han har ingen sovepose, men er iført sit bjergtøj bestående af heldækkende dundragt og dobbeltstøvler. Når det ind imellem bliver for køligt tænder han gaskogeren, som kan varme teltet betydeligt op. Men han er tørstig og har for længst drukket sit vand. Kogeren kan ikke bruges til at smelte sne til drikkevand, da han ikke har nogen gryde eller kedel i teltet.

Michael ved godt situationen uden vand er kritisk og han bliver svagere og risikerer højdesyge pga. vandmangelen. I stor højde ånder man dybt og hurtigt for at få nok ilt til kroppen. I de knap 7000 meters højde, han befinder sig i, er iltmængden faldet til ca. 40% af niveauet ved havhøjde. Den kraftigt forøgede åndedrætsdybde og -frekvens betyder, at mange liter tør luft skal igennem lungerne - tør kold luft indåndes og mættes med vand inden det igen udåndes. På denne måde mister Michael omkring 3-4 liter væske i døgnet.

Når kroppen mister få procent af vægten i væske falder ens kræfter hurtigt. Michael bliver således hurtigt svagere og kan sandsynligvis ikke længere redde sig selv, selv om vejret skulle klare op, så han kan finde vej. Den værst tænkelige konsekvens af kombinationen dehydrering og stor højde, lunge- og/eller hjerneødem, har heldigvis ikke indfundet sig. Men det kan indtræde hvert øjeblik, hvis han ikke snart får væske og bliver hjulpet til lavere højde. Udkommet af HAPE[1] eller HACE[2], som disse sygdomme kaldes, er ubehandlet meget alvorlige; døden kan indtræffe efter ganske få timer, i bedste

1   HAPE: High Altitude Pulmonary Oedema – på dansk lungeødem
2   HACE: High Altitude Cerebral Oedema – på dansk hjerneødem

Forsvundet på bjerget

fald klarer man sig et døgns tid. Den eneste effektive behandling er at få den ramte til lavere højde så hurtigt som muligt. Men da de fleste ramte samtidigt bliver meget svage og deres situation forværres, hvis de selv skal bruge kræfter på at stige ned, er det en meget kritisk situation at havne i. Er man alene er det særlig slemt, da HACE påvirker hjernen og dermed slår ens dømmekraft helt af banen. Man kan føle sig nærmest uovervindelig på trods af, at man balancerer på randen af døden.

Werner, der som erfaren ekspeditionsleder udmærket er klar over dette, skynder sig så meget han kan mod den formodede position af Michael. Men han kan ikke gøre meget alene, hvis han finder Michael, da bærerne har såvel vand som mad og medicin. Derfor vokser han irritation over du uduelige bærere, der hele tiden skal holde rygepauser. Hvor det for Werner er et spørgsmål om overlevelse for vennen og ekspeditionsdeltageren Michael, er det for bærerne tilsyneladende kun et job og nogle lettjente penge. Redningsaktionen viser sig i den sidste ende at koste 25.000 yuan svarende til ca. 2200 danske kroner. Ikke meget set med en danskers øjne, men en formue i Xinjiang.

Efter mange timers hård kamp op ad bjerget vokser frustrationen yderligere, da det rimelige vejr lavt nede erstattes af kraftig vind og snart også tåge og snefald. Werner må forlade sig på sin GPS til at finde vejen. Han brugte den under topforsøget og kan nu forholdsvis let følge ruten opad på GPS'ens display. Men vejret forsinker stadig fremdriften specielt for bærerne, som godt nok kender bjerget ganske udmærket, men som stadig skal orientere sig efter små markeringsflag. Afstanden mellem markeringsflagene er ikke stor, men i snestormen kan de alligevel ikke se fra den ene til den næste. Og sporene efter Werners snesko er for længst forsvundet i den fygende sne.

Da Werner når et plateau ovenfor den normale placering af lejr 3, ser han 2 gule telte, kinesiske kopier af North Face VE25 telte, er han næsten allerede klar over, at det må være teltene, som Michael refererede til i sin samtale med sin kæreste. GPS'en viser på dette tidspunkt 6980 meter.

Han skynder sig over til teltene og råber Michaels navn. Michael svarer indefra det venstre af teltene. Stor er glæden over at finde Michael i relativt god tilstand efter over halvandet døgns ophold her oppe.

Ventetiden på bærerne, der kommer med de livsnødvendige forsyninger bliver dog næsten ubærlig. Før end Werner har fået fyldt noget vand og chokolade på Michael, vil han ikke have kræfter til den lange nedstigning.

....

Efter vi har konfereret mellem teltene, er vi enige om, at vi skal være klar til at forlade lejr 2 og fortsætte vores opstigning mod lejr 3, når bærerne kommer op. Det er planlagt, at de skal komme kl. 8, men vi ved fra tidligere lejre, at de næsten aldrig dukker op til tiden. Der går altid mellem en halv og en hel time over tiden, før de viser sig.

Vi er da også helt parat, da bærerne til fællesudstyret – telte, gasdåser og en del af maden – viser sig ved lejren. Vores rygsække står næsten alle klar, og da Ivan alligevel har ansvaret for bærerne, begynder vi andre opstigningen over flanken overfor os. Anneli, der jo har være her før os, siger vi skal starte med at holde os til venstre for at undgå det stejleste.

Mit trænede øje afslører da også en lille sneryg op gennem væggen fra venstre opad mod højre. Det er den, vi fanger og som egner sig bedst til vores nuværende fodbeklædning – støvler med snesko på.

Mine Atlas snesko, som jeg havde ejet siden jeg var på Dhaulagiri i 1991. Vi havde fået dem sponsoreret til ekspeditionen, som satte den første dansker på toppen af et 8000 meters bjerg, men jeg havde aldrig brugt mine snesko, men endelig kom der en lejlighed, hvor de var ekstremt nyttige

Vi er af mange inden turen blevet rådet til at have enten ski med eller gå med snesko – i hvert fald på den øverste del af bjerget. At gå på ski opad her kræver, som Nils kommenterede det, "en hel del mere end Haute Route i Alperne." Jeg har ikke prøvet den, men tager Nilses kommentar som udtryk for, at det er ganske hårdt. Og jo, der er partier, hvor man skal være meget erfaren udi Randonné skiløb – eller hochtour, som de germanofile kalder det – for at det skal være en fordel, eller for at det ikke ligefrem

Forsvundet på bjerget

skal tilføje et ekstra faremoment.

Ingen af deltagerne har udtrykt store evner i skiløb, hvorfor vi har valgt snesko til færdsel i de ofte dybsne dækkede skråninger. På en af turene til lejr 2 gik jeg i til op over knæene og hvert eneste skridt blev en kamp for at holde balancen mens jeg løftede det ene ben højt op for at tage det næste skridt. Det var en temmelig anstrengende manøvre at arbejde sig opad en sneskråning på denne måde.

Men med sneskoene på går vi næsten helt på overfladen af sneen og hvor denne af vinden er blæst lidt hård, går vi kun få centimeter ned i overfladen. Men sneskoene kan være lidt anstrengende i de stejleste dele, derfor er An- nelis tip om sneryggen ganske velkommen.

Ingen af os har egentlige erfaringer med snesko, men det er det, der gør dem så anvendelige, at tilvænningen nærmest kan tælles i minutter.

Jeg er ikke først afsted og har den første times tid Casper, Marie og Finn foran mig. Inden jeg gik fra lejr 2, stak Ivan mig sin snespade og sagde "first man to camp 3 dig snow platform for tents." OK, som sædvanlig skal jeg nå tidligst frem og begynde at grave ud i skråningen til de 4 telte, vi skal have rejst, for at kunne tilbringe en magelig nat i lejr 3. Derfor sætter jeg lidt fart på efter at være nået op til Marie og have filmet lidt video, men der er stadig et stykke op Casper.

Jeg bruger min sædvanlige taktik: undlag at gå et hurtigt tempo, men gå opad i et tempo, jeg kan blive ved med at holde uden pauser. Ofte kan jeg, når jeg finder den rigtige rytme, gå i halve eller endog hele timer uden at stoppe. Så er tempoet ikke så afgørende, for fremdriften kommer af ikke at behøve at stoppe for at puste.

Således når jeg også Casper og kommer foran ham. Et blik tilbage om- kring en halv time efter, jeg har passeret ham, afslører en fantastisk udsigt med det meste af dalen dækket af skyer og nogle slikkende skytunger, der indikerer at vejret ikke ligefrem er stabilt. Flot er det og jeg må lige have rygsækken af og have spejlreflekskameraet frem.

Jeg fortsætter i roligt og stabilt tempo opad mod de tunge skyer, der nu lukker udsigten op mod dagens mål. Et sted deroppe ved jeg, at Werner kæmper med tiden, vejret og de pauserygende bærere for at få sin makker

Michael ned i live. Lidet aner jeg, at vore veje krydses på en for mine omgivelser ubehagelig facon.

Det dårlige vejr sænker sig om os, men der er ingen grund til panik. Foran mig dukker hele tiden afmærkningspinde op. Afmærkningspindene er sat af tidligere hold, der har været forudseende og placeret dem mens de gik opad i godt vejr – for det tilfælde, at de skulle finde vej ned i tåge eller snestorm.

Derfor er Werners GPS at betragte som en gadget, om end en nyttig sådan, der gør det mindre nødvendigt at stirre ud i snefoget. Afmærkningspindene er simple stykker af bambus med et lille stykke signalfarvet plastic som vimpel. De fleste er ret synlige selv i det kontrastløse lys, men nogle enkelte gange står de med lidt lang afstand eller har en farvet vimpel, der ikke brænder igennem på samme effektive måde som de orange og røde vimpler.

Jeg har en sær fornemmelse i det tætte snefald, lidt skræmmende og lidt interessant fra et psykologisk synspunkt. Jeg ved det ikke er sandt, men jeg føler det som om, jeg går på en smal bræmme af sne op igennem en skov. Jeg kan ikke se skoven, fornemmer blot at den er der på begge sider af mig. Det er en dyb og mørk skov og måske har fornemmelsen noget at gøre med, hvad man synes er lidt trykkende.

Situationen er da også lidt trykket, for jeg er kommet så langt foran min gruppe, at jeg har tabt al kontakt med dem. Stor er min glæde da også, da et kærkomment og trygt hvilepunkt dukker op, et lille grønt telt midt i sneskråningen.

Jeg får omhyggeligt stillet mine ting, rygsæk, snesko og skistave udenfor så jeg er sikker på, at de ikke pludselig glider ned ad skråningen og så de ses tydeligt af forbipasserende. Især signalerer mit 20x25 cm store dannebrog på den ene skistav, at der sidder en dansker i teltet og tager en slapper. Her vil jeg vente til resten af min gruppe dukker op.

....

Bærerne, som skal hjælpe Werner, er langt om længe nået op til de to gule telte i lejr 3+. Michael får straks vand til at slukke sin næsten halvanden døgn gamle tørst. Og efter den er delvist slukket, kan han også begynde at tage næring til sig i form af chokolade. Det varer ikke længe før det viser sig, at Michael ikke har lidt voldsom overlast. Han kommer hurtigt til hægterne

Forsvundet på bjerget

Et kig ned ad de enorme, næsten ubrudte sneskråninger, som udgør de øvre dele af Mustagh Ata. Det er kort før tågen omsvøber mig, og jeg mister kontakten med Marie og Casper, der her ikke er langt bag mig. Længere ned kommer Nils, Finn, Bettina, Anneli og vores guide Ivan.

igen og begynder at forestille sig at kunne gå med ned ad bjerget igen.

Den mentale støtte i at have Werner, ekspeditionslederen, der ydermere i det civile liv er læge, samt de tre bærere omkring sig er da også enorm. Fra at have været alene i halvandet døgn og inden da være hårdt prøvet undervejs i et topforsøg, hvor han også var alene en stor del af tiden, er Michael nu en del af en gruppe. En gruppe, som kun har et formål, at hjælpe ham sikkert ned ad bjerget til trygheden i basecamp.

Efter et stykke tid beslutter de sig for at starte nedstigningen. Michael får hjælp til en række ting såsom at få sine snesko på, så han ikke bruger alt krudtet på disse småting. For mennesker, der ikke har oplevet virkningen af stor højde på præstationsevnen, kan det lyde mærkeligt, at det er et problem at tage sine snesko på. Første gang jeg for alvor mærkede virkningen var efter overnatning i 7400 meters højde på det 8167 meter høje Dhaulagiri i Nepal. Da Jan Mathorne og jeg efter morgenmaden skulle iføre os tøj og udstyr for at komme videre mod næste camp, måtte vi have adskillige pauser for at samle nye kræfter. Specielt var det at få gamascher og steigeisen på støvlerne aldeles udmarvende. Det var et ben ad gangen og så et hvil på to-tre minutter imellem.

Det er næsten samme højde Michael har overnattet i to gange uden næring og væske. Det er derfor særlig hårdt for ham, og hjælpen fra bærerne og Werner er ikke bare kærkommen men nødvendig. Men Michael bliver klar, og de kan forlade de to gule telte, Michaels relativt trygge base siden topforsøget og den fejlslagne nedstigning.

I starten er Michael noget stivbenet, men efterhånden som blodet begynder at rulle og varmen langsomt breder sig i kroppen, begynder han at bevæge sig mere sikkert. Han begynder igen at føle sig som en stærk bjergbestiger, der kan bringe sig sikkert ned fra den udfordrende bjergtur.

Fra plateauet, hvor de to gule telte står, går de ned ad den lidt stejlere bjergside mod lejr 3, men snefoget er tæt og de benytter sig primært af Werners GPS. De ser ikke meget af omgivelserne og koncentrerer sig først og fremmmest om at stå sikkert på sneskoene. Werner går forrest, Michael er lige efter og bærerne kommer lidt mere hjemmevant bagefter. Efter omkring en halv time dukker det lille grønne – japanske – telt frem af snefygningen.

Jeg har fundet mig godt til rette inde i det lille telt. To personer ville til nød kunne ligge her ved siden af hinanden. Hvis det ikke var fordi sneen presser på ydersiden af teltet, så det står i en stor bue indad, ville det såmænd være ret rummeligt. Der ligger en del sne inde på teltbunden, hvilket er ret normalt for telte, som de lokale benytter sig af. De bekymrer sig ikke så meget om at holde teltene pæne, tørre og beboelige. Men der er to lag liggeunderlag på bunden og jeg sidder rart i ly for vinden og snefaldet. Så rart at jeg bliver forbavset, da jeg ser på uret, at der er gået over en time, siden jeg ankom hertil.

Blæsten udenfor er blevet som en baggrundsstøj, den er der, men jeg bemærker den ikke. Det føles som stilhed.

Men pludselig brydes stilheden af stemmer, og jeg åbner den lille udluftningsluge i forventning om at mine kammerater nu er nået op til mig. Stor bliver skuffelsen derfor, da jeg ser to personer komme oppefra og gå i en bue udenom teltet. De stopper omkring 30 meter nedenfor teltet og kigger opad. Men det går op for mig nu, at det er ikke dem, der snakker. Ind i synsfeltet træder de tre bærere, som har været med Werner oppe og hente Michael.

De to, som står længere nede, må altså være Werner og Michael. Da jeg endnu ikke kender dem – jeg hører først deres historie og taler med dem senere i basecamp – råber jeg dem ikke an. Men deres bærere har et ærinde og begynder på lidt klodset men dog forståeligt engelsk at gøre mig klart, at de skal have teltet med ned.

"You no stay here. Tent down."

"Okay" svarer jeg og fortsætter med det åbenlyse spørgsmål: "How far to camp 3?"

"Only 200 meter" kommer svaret.

"Okay, then I will go there."

Jeg begynder at samle mine ting sammen, selv om jeg ikke har taget så meget ud af min rygsæk, som står udenfor, så har jeg både drikkevarer og noget at spise med ind i teltet.

Forsvundet på bjerget

Bærerne venter lidt utålmodigt på mig og de to tyskere står længere nede og vender ryggen til vinden, så kulden ikke skal føles så hård. Jeg får bakset mig ud af den lille tunneludgang, teltet har, og når ikke en gang at få mine snesko på, før de er godt i gang med at slå teltet ned.

"Lidt noget skidt, det var bedre at vente på de andre her" tænker jeg. Men uden telt er det for koldt bare at sætte sig og vente på dem. Jeg kan tydeligt se næste markør, så jeg skal nok klare de 200 højdemeter.

Da jeg er nået til andet markeringsflag i snefoget over teltet, kigger jeg tilbage og ser, at bærerne næsten allerede har fået pakket teltet sammen. Tyskerne står stadig og venter tålmodigt, selv om de helt sikkert kun tænker en ting: "Kan vi nu ikke bare komme videre ned?"

Jeg spejder opad og erfarer, at det er sværere at se markeringsflagene nu. Sneen falder tættere, eller er det vinden, som pisker sneen hurtigere gennem synsfeltet. Der begynder også at sætte sig et ispanser på indersiden af mine briller. Dette kan jeg kun fjerne ved at tage en bar finger og smelte isen med denne. Men når det skal gentages ofte, så får jeg kolde fingre af det.

Skråningen her synes uendelig, fortsætter bare med samme hældning. Og jeg må nu gå forbi markeringsflagene for at få øje på det næste.

....

Casper og Marie fra min gruppe er ikke trygge ved situationen. De finder det uholdbart og farligt. Nu er de ikke glade for beslutningen om, at jeg skulle gå i forvejen for at grave platforme til teltene. Hellere havde de set, at vi havde holdt os sammen. De beslutter sig for at vente på dem, som kommer bagefter, men det bliver en lang kold ventetid. Situationen synes ikke holdbar for dem. Specielt ikke da Marie, som er en meget slank pige og derfor har svært ved at holde varmen, begynder at ryste hæmningsløst af kulde.

På dette tidspunkt møder de det tyske hold, som er kommet i gang efter telt-sammmenpakning. Werner kigger på dem og udtrykker sin forundring over, at de er på vej opad i det her vejr. Adspurgt om de har set mig, svarer han nej. Hverken Werner eller Michael har lagt mærke til mig, da jeg kom ud af teltet højere oppe. Her starter den skæve udvikling for alvor.

Werner siger til dem, at ingen bør befinde sig oppe i dette vejrlig med den sigtbarhed uden en GPS. Han mener det eneste rigtige er, at de følger med ned.

I deres situation synes det også, at det er den eneste rigtige beslutning. De tænker ikke længe over det lige nu, men undrer sig over, hvor jeg er henne. Jeg var jo foran dem, men lige pludselig er jeg ikke det mere.

Imens er gruppen af danskere, som følges lidt tættere med Ivan og bærerne stadig på vej opad i tågen. Her går Bettina støt og roligt opad, selvom hun heller ikke bryder sig om vejret. Lidt længere ned kommer Nils, der med sin lidt større bjergerfaring, synes det er helt OK at fortsætte. Som han senere siger, "så skal vi jo op på det bjerg, ikke ned."

Finn befinder sig imellem grupperne og bliver den første, der møder det tyske tog på vej ned ad bjerget. Finn har allerede overvejet situationen og vil egentlig helst tilbage til lejr 2, for at sidde stormen ud der. Da han møder Casper og Marie på vej ned beslutter han at følges med dem og få overtalt bærerne og Ivan, som han ved befinder sig lidt nedenfor, til at gå tilbage til lejr 2.

Sammen følges de tre nedad i et rasende tempo ført an af tyskerne. De når hurtigt Bettina og bærerne.

Finn snakker med bærerne, som er mest bekymret for deres betaling. De er vant til dette bjerg og dets vejr og kan sagtens tage sig op til lejrene, selv om man næsten ingenting kan se.

"Go back to camp2, you get your money for carrying to camp 3 anyway," siger Finn til bærerne. Aftalen skulle være klar og Ivan bliver også orienteret. Også Bettina lader sig overtale til at gå med tilbage, men da det tyske eksprestog sætter i gang igen, kan hun se, at hun slet ikke kan følge med. Samtidig opdager hun, at den aftale, der skulle være indgået, tilsyneladende ikke har klaret sprogbarrieren. Bærerne og Ivan fortsætter således op ad bjerget mod camp 3.

Derfor vender Bettina hurtigt næsen opad igen. Finn har dog lige inden nået at observere, at Bettina er på vej nedad.

Nils har været lidt på afstand af Finns kommando til bærerne, men dog ikke længere væk, end at han har hørt, at de nok skulle få deres penge. Men Nils har ikke indgået nogen aftale om at gå ned og er af den klare overbevisning, at de skal gå op og etablere lejr 3. Så er de i position til et topforsøg,

Forsvundet på bjerget

hvis der kommer et vejrvindue, som tillader det.

Vores svenske veninde synes heller ikke indstillet på at vende om, men fortsætter opad sammen denne del af den danske gruppe.

Således splittet går Casper, Marie og Finn med tyskerne nedad – overbevist om, at de har en aftale med bærerne og Ivan om at returnere til lejr 2 og genopslå lejren der. Men Nils og Bettina fortsætter opad med bærerne og Ivan, som ikke er klar over, at der er indgået en aftale om at vende om.

....

På dette tidspunkt har jeg efter bærernes anvisning arbejdet mig op over den stejle del af skråningen gennem snefoget til et sted, hvor der tilsyneladende er et plateau. Det er svært at erkende igennem snemuren, men sværheden med at finde markeringsflag peger i retning af, at hældningen er ved aftage. Jeg må et par gange gå ekstra langt ind i snetykningen, før jeg pludselig ser det øverste af det næste signalfarvede flag.

Men lige med et øjner jeg det, som jeg har ventet på, siden jeg talte med tyske bærere ved det lille grønne telt; den formodede lejr 3. Her står to telte, som jeg midlertidigt kan søge ly i, indtil jeg skal ud og grave ud til de andres telte. Højdemåleren viser 6820 meter, hvilket stemmer godt overens med højden for den rigtige lejr 3. Det er de samme to gule telte, som Michael har befundet sig i det venstre af indtil for kort tid siden. Og den rigtige højde er derfor 6980 meter og dermed et stykke over lejr 3.

Mit Suunto Vector ur visende højden 6820, som jeg tegnede det i min dagbog kort tid efter ankomsten til C3.

Men dette aner jeg intet om, og jeg har gjort nøjagtig som bærerne sagde, gået yderligere 200 højdemeter fra det grønne telt for at komme til lejr 3.

Jeg søger ly i det højre telt, som ser ud til at stå bedst. Nogen har boet her, for der ligger 2 gasdåser, heraf den ene delvist forbrugt. Men det bekymrer jeg mig ikke om. Jeg har alt, hvad jeg skal bruge med mig: Gasbrænder, gasdåser, tændstikker, grydesæt, mad, drikke-

Et kig ud ad teltdøren afslører ikke meget, sigtbarheden er nede på 10-15 meter, det er ikke sært jeg dårligt kunne se fra den nærmeste markeringsstage til den næste. Jeg nyder trods situationen synet af de bizarre sneformationer, som den hvirvlende sne bygger på teltbardunerne.

varer og lidt lækkerier, som jeg ved Bettina vil kunne lide. Vi deler normalt telt og jeg har allerede lært, hvad en del af hendes "svagheder" på madfronten er. Derfor har jeg slæbt hele 3 forskellige pølser med, solide pølser med masser af kalorier i. Sjovt nok at det lige her på bjerget er hendes svaghed, for hun ville ikke røre det hjemme, har hun fortalt mig. "Tag et billede af mig, mens jeg spiser den," sagde hun til mig i lejr 2. "Ellers vil de ikke tro på det hjemme."

Jeg læsser alle tingene ud på teltgulvet, der heldigvis er meget mere rent og velholdt end det var i det lille grønne telt. Jeg skal have en af mine egne bjergsvagheder: Kaffe. Hjemme er jeg ellers en stor tedrikker, men på bjergture drikker jeg næsten aldrig te. Pose-te er bare ikke mig, mens en stor, dampende varm kande te det er sagen.

Teltet står forbløffende godt, jeg mærker næsten ikke blæsten udenfor. Undtaget herfra er, når jeg åbner til den nederste apsis. Så står spindrift-sneen ind i teltet i en heftig kaskade. Efter kaffen ordner jeg apsis ved at dække snekanten i hele den ene side med sneblokke. Jeg tager nogle blokke med ind, til at dække den anden side indefra. På den måde kan jeg nu åbne inderteltet uden at få sne ind. Jeg kan tage småstykker af sneblokkene til smeltning og jeg kan linde lidt på den øverste lynlås, når jeg vil holde øje med mine kammerater. Nu er det bare at vente på, at de kommer. Med to telte, som vi kan bruge, og ikke andre på vej op ad bjerget, så er der ingen grund til at grave platforme ud, før end jeg ser hvor stort behovet er.

....

Nils og Bettina har kæmpet sig videre opad sammen med Ivan og bærerne. Og lidt efter kommer Anneli med sin enorme oppakning.

Bettina er ved at være godt træt. Den tunge rygsæk har gjort sit til det. Hun er fast besluttet på at bære langt det meste op ad bjerget selv, og har kun overladt sin sovepose til bærerne. Hun spørger træt til, hvor langt der er igen. Hun bliver glad for svaret, som hun forstår det: "twenty five minutes more," men endnu gladere, da hun et øjeblik senere erfarer, at svaret egentlig var "twenty five meters." De er fremme ved stedet for lejr 3, men den rigtige lejr 3, ikke der hvor de to gule telte står, og hvor jeg sidder og venter på dem med varme drikke klar.

....

Casper, Marie og Finn har haft fart på. Først skyndte de sig efter Werner og hans gruppe ned til lejr 2, hvor de så ville vente til resten af det danske hold, som de mente at have aftalt, kom ned og genopslog teltene. Men efter en del ventetid, går situationens alvor op for dem.

Enten er der ingen, der har forstået aftalen eller også har de brudt den. Konsekvensen af dette er, at de ikke har hverken soveposer eller telte. En overnatning i lejr 2 uden dette udstyr ville i værste tilfælde være fatal, men vil under alle omstændigheder tære så hårdt på kræfterne, at et senere topforsøg vil være udelukket. Så hellere gå helt til lejr 1 eller Basecamp, hvor der er telte og soveposer.

....

Ivan skyder på den svenske Anneli, mens hun graver ud til sit telt. Hun har en sneskovl, Ivan har ingen, da jeg havde fået den om morgenen for at grave ud til telte i lejr 3. Men Anneli er en grundig type, hun har fået nok af halve løsninger, der har frataget hende succesen før. Teltet skal stå godt og plant, så hun kan få ordentlig hvile.

I første omgang må Ivan derfor tage til takke med Nils isøkse. Nils er den eneste af os, som ikke bruger skistave, det har han aldrig kunnet se nytten af. Lige nu er det godt for den lille gruppe, for de kan komme i gang med gravearbejdet selv om det ikke er optimalt med en isøkse i forhold til sneskovlen.

Bettina spørger til, hvor Bo er. Ivan svarer bare ved at pege i en cirkel rundt i nærheden Som for at sige, han er her i nærheden et eller andet sted. Ivans erfaring har sagt ham, at jeg er i sikkerhed et sted her – uden at han på nogen måde har fået mere information end alle andre.

Et par italienere er også fulgt med gruppen og slår deres telt op lige ved de andres. Den ene italiener planlægger at løbe på ski ned fra toppen og har derfor gået på skiene noget af vejen og båret dem resten af vejen hertil. Skiene bliver sat lodret bag ved teltene op ad bakke. Dette skal senere vise sig, at være af betydning for kommunikationen mellem mig og denne gruppe.

Langt om længe bliver Anneli færdig med sin teltplacering. Hun er altid en meget grundig type, som ikke har travlt og ikke lader sig skynde på. Tænksomt har hun gjort sit arbejde med platformen og dermed irriteret Ivan. Han er i forvejen ikke særlig imponeret over hendes bedrifter på bjerget og hendes ide om, at gøre alting selv og have alt med fra basecamp i en omgang. "Crazy woman," siger han igen og igen – dog ikke så hun hører det eller ser hans pegen med pegefingeren mod tindingen. Men måske har hun alligevel mærket hans holdning og tager det af den grund ekstra meget med ro. Men nu, hvor hun er færdig med sit telt, får Ivan med brug af hendes sneskovl hurtigt færdiggjort platformen.

Bettina og Nils ryger ind i det største telt, Ivan ligger i sit eget meget kompakte telt. Men han er i sit es som guide og sørger fint for de to, spørger til deres velbefindende og sørger i et vist omfang for dem. Konceptet på turen er jo, at enhver eller i hvert fald hvert telt sørger for sig selv med hensyn til smeltning af sne til vand og hvad angår aftensmad.

....

På dette tidspunkt har jeg indset, at de andre ikke kommer op til mig. I

Forsvundet på bjerget

min tro på, at det er lejr 3, jeg ligger i, tænker jeg, at de andre nok er gået tilbage til lejr 2 eller lejren lige over denne i ca. 6400 meters højde. Men jeg kan jo ikke være sikker. De kan jo også have syntes, at forholdene var så slemme, at de er gået længere ned ad bjerget. Det er dog ikke en teori, jeg hælder stærkt til, taget deres stærke ønske om at komme til tops i betragtning.

Tidligt på aftenen kommer der en kortvarig opklaring i vejret. Jeg kigger ud i retning op ad bjerget og se omkring 4-500 meter videre frem. Til min store glæde fortsætter markeringsflagene og de synes endda at stå endnu tættere længere oppe. Så skulle det være muligt at komme i hvert fald et stykke videre op selv i total "white-out." Denne erkendelse får mig sammen med den lille opklaring i vejret til i min optimisme at lægge ting klar til et topforsøg tidligt i morgen. Jeg piller låget af min rygsæk for at gøre den lettere. Jeg samler fornødenheder som solcreme, solstift til læberne, to fulde vandflasker, 4 müesli barer og mit kamera. Det skal ligge så parat som muligt.

Så tager jeg min mobiltelefon, som jeg også bruger som vækkeur. Nu er det på tide også at give Lars fra Kipling en melding om, at jeg har det godt og blot venter på de andre – samt muligheden for et topforsøg. Telefonen virker fint og der er kraftigt signal, men jeg kan i opklaringen også se helt over til Karakul søen, hvor jeg ved, der står en sendemast. Men til min store overraskelse, får jeg ikke forbindelse. Jeg har været ude for det før nede i basislejren, men der fik jeg forbindelse lidt senere. Derfor vil jeg vente lidt og så prøve igen om en halv times tid.

Desværre er resultatet det samme, jeg får ikke forbindelse. Nu kan jeg godt bande lidt over, at jeg ikke har enten walkie-talkie eller en satellittelefon med alligevel. Men det virkede jo ganske unødvendigt med den gode telefonforbindelse lavere på bjerget.

Tankerne flyver gennem hovedet. Vil de andre tro, at jeg er forsvundet på bjerget? Mon ikke de vil tænke, at jeg er så erfaren, at jeg har fundet et sted at være, snehule kunne jeg grave med skovlen. Eller de har fået besked af tyskerne og deres bærere, besked om at jeg ville til lejr 3. Jeg er jo sikker på, at tyskerne må have set mig og deres bærere snakkede jeg jo med. Efterhånden får jeg overbevist mig selv om, at de andre må vide, at jeg er i sikkerhed. Under alle omstændigheder kan jeg ikke gøre så meget fra eller til. Jeg er nærmest bundet til stedet så længe sneen falder så tæt og så længe det blæser så meget. Og mit eneste kommunikationsmiddel fungerer ikke – i hvert fald ikke lige nu. Men jeg vil forsøge igen, for jeg er overbevist om, at det er et midlertidigt kommunikationsproblem. Med et smil på læben tænker jeg, at det er jo Kina og der er nok en udenlandsk klatrer, der har sagt noget pro-tibetansk i telefonen. De har som straf lukket kommunikationen over telefonmasten i dag. I morgen virker det hele igen og alt bliver godt, jeg kan bekræfte min gruppe i, at jeg har det fint.

Som aftenen går kan jeg godt se, at det er et naivt håb, at komme på toppen i morgen tidlig. Den midlertidige opklaring er afløst af fornyet tæt snefald. Jeg må endog ud og grave fygesne væk fra læsiden af teltet, som er ved at blive trykket ind af sneens vægt.

Teltet står så godt, som det overhovedet kan, men jeg kan ikke forhindre dette problem, kun forhindre konsekvenserne; at teltet bryder sammen under sneens vægt. Håber bare at det ikke begynder at sne kraftigere, da jeg så skal ud oftere og grave sneen væk. Så bliver det en hård nat. Jeg mindes et stormfuldt døgn på Dhaulagiri i 1991, hvor vi var tre personer i to telte, som overnattede på en stejl bjerggryg. Sneen lagde sig ovenfor vores telte, som stod lige over hinanden. Vi aftalte en turnus ordning, hvor vi ca. hver anden time var ude og rydde sneen af vejen. Men det lykkedes for Jan Mathorne, at sove fra sin tur. Han var alene i teltet nederst, mens jeg sov sammen med Thomas Söder i det øverste. I min dagbog skrev jeg:

På et tidspunkt begynder jeg at undre mig over, at Jan ikke rydder sneen væk, da teltet er ved at blive trykket kraftigt sammen. Jeg forsøger at råbe Jan op. Teltet ligger jo kun to meter nede, men vindens hylen rundt om bjergkammen og sneen, der pisker mod teltvæggen får mit råb til at lyde som en hvisken. Jeg beslutter mig for at opklare hvad der sker.

Det tager mig over en halv time at påføre mig alt det varme tøj, mine støvler, gamascher, klatresele, steigeisen og hvad der eller skal til for at kunne færdes varmt og sikkert udenfor på den stejle kam. Udenfor teltet sikrer jeg mig til de reb, vi har fastgjort hen over teltene for at de ikke skal blæse væk med os i. Nu kan jeg ikke falde så langt under arbejdet.

Så chokeres jeg af synet. Jeg kan overhovedet ikke se Jans telt trods den lille afstand. Der er en stor dyne af sne, som forhåbentlig skjuler teltet.

Forsvundet på bjerget

Men hvad i alverden er der sket? Jeg bakser med sneskovlen og får gravet lidt ned dyngen. Teltet er der heldigvis. Efterhånden som jeg får skovlet de store mængder sne væk begynder der at komme liv.

"Jan, er du der?" Spørger jeg bekymret.

"Ja, jeg er her, men jeg kan ikke røre mig." Kommer det indeklemte svar.

"Jeg sov over mig og så kunne jeg ikke røre mig, da jeg vågnede. Og i kunne åbenbart ikke høre mine råb for stormen."

Sikke en redelighed, godt jeg alligevel var vågen, når vores telt åbenbart ikke skaber de samme læforhold for den fygende sne. Da jeg har gravet Jans telt helt fri og han kan se ud ad teltåbningen, får jeg taknemmeligt blik.

"Jeg lover ikke at sove over mig næste gang, det er min tur til at skovle sne. Tusind tak for hjælpen."

Hændelsen på Dhaulagiri viste mig, hvor vigtigt det er ikke at lade stå til men i stedet at være proaktiv. Indtil du ved, hvordan udstyret fungerer under de givne forhold, skal du være meget på vagt.

Faren for at blive skubbet af bjerget her på Mustagh Ata er nok nærmest ikke tilstede. Men folk er blevet fanget i deres telte og til sidst kvalt lignende steder, som på dette plateau. Jeg mistede f.eks. en god ven på denne måde tidligt i min klatrekarriere. Han sov formentlig tungt i teltet ovenpå en hård bjergtur og hverken ham eller hans makker opdagede, at sneen til sidst lå så tykt, at de ikke kunne røre sig. De er lige så stille blevet kvalt. Derfor kan jeg ikke bare sove igennem før jeg ved, hvordan sneen akkumulerer omkring og på teltet.

Men jeg får heller ikke sovet så godt i starten af natten. Tanken om, at jeg måske kan gå på toppen giver altid en uro, så jeg ikke kan sove så godt. Jeg nærer ønsket om at komme op så stærkt, at det somme tider kan være en gene. Men det skal blive meget bedre vejr, før jeg vil give det en chance.

Casper, Marie og Finn har modvilligt taget sig helt til basecamp. Det er ærgerligt for dem, for det udelukker formentlig al yderligere tanke på top-pen. Der er simpelt hen for lang vej op gennem lejrene igen til lejr 3 og det optimale udgangspunkt for et topforsøg. Specielt er Finn rigtig vred på Ivan, som han troede at have aftalt med, at gå ned til lejr 2 og slå teltene op igen.

De er også bekymrede, bekymrede for hvor jeg er på bjerget eller om der er tilstødt mig noget. Meldingen fra den tyske gruppe, som mødte mig, er, at de ikke har set mig, ja endog at der ikke er mennesker højt oppe på bjerget lige nu. Hvordan bærerne kan glemme, at de har set mig, talt med mig og vejledt mig mht. næste lejr, er der ingen, der nogensinde vil kunne forklare. Men de tre danskere tvivler ikke på bærernes udsagn, især ikke, da det jo støttes af Werner og Michael. Nej de har virkelig ikke mødt mig højt på bjerget. Omridset af en redningsaktion tegner sig.

....

Om morgenen d. 16.8. sner det stadig kraftigt og blæser, hvor jeg befin-der mig. Jeg vågner første gang ved vækkeuret kl. 4 om morgenen. Men der er ingen diskussion, det er bare ikke topvejr. Jeg sover videre til omkring halv syv, hvor jeg endnu en gang ser vejret an. Snefoget og vinden vil åben-bart ikke lette. Men det er vigtigt for at undgå højdeproblemer at få rigeligt at drikke, så jeg giver mig til at smelte sne. Først laver jeg kaffe, så spiser jeg müesli med masser af tynd mælk lavet på mælkepulver. Jeg får i alt omkring en liter væske indenbords.

Jeg finder en af de små krimiromaner frem, som Bettina har haft med til bjerget. Jeg har ikke tilladt mig pga. vægten at tage den store mursten, som jeg var i gang med i basecamp, med op ad bjerget. Den ville ellers have været kærkommen underholdning, hvis opholdet alene her bliver af længere varighed.

Jeg har tiltro til at jeg kan klare mig her i op til en uge. Jeg har rigelig mad til 3-4 dage, hvilket godt kan strækkes til en uge. Jeg har tre gasdåser, hvilket skulle strække lige så længe. Problemet er ikke materiel, kræfter eller psyke. Nej det er udelukkende, at der måske er lidt uklarhed over, hvordan jeg har det. Men så snart vejret bedres, kommer de andre helt sikkert op til mig, for at vi kan følges til toppen. Jeg kan ikke forestille mig den situation, at vejret bliver ved at være lige dårligt

Forsvundet på bjerget

Med rigelige forsyninger har jeg ingen bekymringer for mig selv. Jeg har rigeligt med gas til min lille brænder, jeg har en gryde, så jeg kan smelte sne og få noget at drikke. Jeg har adskillige poser instant suppe, en masse dåser fisk, frysetørret mad, kaffe og en masse andet. Det kan strække det til en uge, hvis det skulle blive nødvendigt.v

De tre i basecamp diskuterer, hvad der skal ske. De får præsenteret mulighederne og den bedste er, at sende et hold bærere op, for at find mig. Ulig forholdene i Alperne, hvor menneskelivet tæller højest, så skal det dog her først lige afklares, hvem der betaler. Tre bærere kan starte om aftenen for at finde mig, men prisen på 5000 yuan, svarende til ca. 4500 danske kroner, skal der først findes en garant til.

De tre er i kontakt med min arbejdsgiver Lars Gundersen fra Kipling Travel. Lars er ikke i tvivl. Ud fra de givne oplysninger er redningsaktionen nødvendig. Han er fortvivlet over nyheden om min bortkomst på bjerget og vil gøre alt for at finde mig. Lars garanterer betalingen overfor Keyoum, manager for bureauet, der står for basecampen og transporten i Xinjiang.

Hen ad aftentide på andendagen kommer der en lille opklaring. Vinden lægger sig og jeg spidser ører. Pludselig bryder solen igennem, og jeg får travlt. Er der tid? Er det nu, jeg skal på toppen?

Et kig ud afslører en flot blå himmel, dog er der stadig lidt skyer oppe omkring toppen. Men det skal forsøges. Alt ligger klar og jeg er hurtigt i tøjet og har lidt vand, chokolade, müesli barer og mit kamera med mig.

Sneskoene føles til en start lidt tunge og klodsede, men jeg ved af erfaring, at sådan er det altid i starten, når man har ligget stille i en højdelejr. Den tunge fornemmelse forsvinder efter et stykke tid og så vil det køre for mig igen. Faktisk føler jeg mig rigtig godt akklimatiseret.

Jeg går op ad skråningen, som ikke er særlig stejl. Ovenover hvirvler skyerne stadig rundt om toppen. Men der er mindre fart på, og mod dalen er udsigten storslået. Himlen er blå alle andre steder end lige mod toppen.

Jeg konstaterer med glæde, at markeringspindene heroppe står tættere end længere nede på bjerget. Der skal altså dårligere vejr til for at umuliggøre navigation, men jeg kan jo ikke vide, om det gælder hele vejen op mod toppen. Efter hvad Anneli har fortalt mig om sit tidligere forsøg, så kunne hun ikke finde vej. Så jeg skal have relativt godt vejr for at nå op og helskindet ned.

Hældningen aftager lidt efter godt en halv times tid og til min store forbavselse, så kommer der endnu et plateau med en lejr. Der står bare et enkelt ubeboet telt. Men jeg når ikke en gang helt op til det, før jeg igen står i tætte skyer. Tågen bliver hurtigt tæt, og jeg beslutter det sene tidspunkt på dagen taget i betragtning, at det ikke er klogt at gå på toppen nu. Med fuld sigt kunne jeg have gået hurtigt både op og ned. Det går langsomt nu, og jeg vil ikke nå både op og ned inden, det bliver mørkt.

"Ærgerligt" tænker jeg og kigger på højdemåleren, som viser den fejlagtige højde af 6960 meter. I virkeligheden er jeg jo 200 meter højere, dvs. i næsten 7200 meter. Havde jeg vidst dette, ville jeg formentlig have troet på at kunne nå både op og ned. Men jeg er jo sikker på, at min lejr er C3 i 6800 meters højde og ikke C3+ i næsten syv tusind meter.

Jeg vender om og kommer tilbage til lejren på under 20 minutter. Hernede er det stadig klart. Jeg beslutter mig uvist af hvilken grund for, at jeg

Forsvundet på bjerget

lige vil kigge ud over kanten af lejrplateauet. Derfor fortsætter jeg nedad til kanten. Da jeg når den, ser jeg en lejr ligge et godt stykke nede, måske 200 meter lavere. Den ligger tilsyneladende midt på en skråning. "Mærkelig placering, hvorfor er de ikke kommet op til lejr 3," tænker jeg.

En tanke slår mig: "Kan det være de andre fra min gruppe?" Jeg synes ikke jeg kan se så mange telte, men går alligevel videre nedad. Som jeg kommer nærmere, begynder jeg at kunne skelne et par ski. Og da jeg kun kan se 3 telte, så kan jeg ikke se, hvordan det skulle være mit hold, som ligger dernede. Der er jo ingen af os, som bruger ski – og der skulle også være mange flere telte, når også Anneli ville følges med os.

Jeg står og kigger lidt, skuffet over at det ikke kan være mine venner. Jeg trængte til deres selskab, men må nu gå tilbage til mit ensomme telt.

Det tager lidt længere at komme op igen. Jeg puster trods den gode akklimatisering en del her i næsten 7000 meters højde. Men jeg tænker, at det dog synes som om vejret er i bedring og så vil jeg let kunne klare topturen

Mit kig ned ad skråningen nedenfor mig. Kan det være min gruppe, spørger jeg mig selv? Men så får jeg øje på ski ved siden af teltene. Nej, så kan det kun være italienerne, som gik på ski. Der er også for få telte til at det kan være min gruppe. Lidet aner jeg om den totale opsplitning.

Selv om jeg ikke behøver bekymre mig om min egen situation, jeg har rigelig forsyninger til at sidde den ud her, så er jeg noget alvorlig i minen over, hvad der mon er blevet af min gruppe, når de nu ikke kan være i teltet nedenfor. Alligevel spøger tanken om at kunne komme på toppen, bare der kommer et lille vejrhul.

og komme tilbage og hjælpe min gruppe til succes. Hvis bare vejret holder.

Tilbage i mit telt gør jeg klar til aftensmad og smeltning af vand til natten. Og jeg vil også gøre klar til at kunne gå på toppen i det forbedrede vejr, som jeg tror og håber er på vej.

Min skuffelse bliver snart stor. Efter at have guffet min pose med frysetørret mad og have fået en kop nescafe, kan jeg høre, vinden tager til igen. Inden der er gået en time er vejret blevet værre end det hidtil har været under mit ophold heroppe. Kan jeg da slet ikke få det vindue af godt vejr, som jeg så brændende ønsker for mig og min gruppe?

....

Samtidig er en redningsaktion ved at starte fra basecamp. Mohammed har samlet et hold på tre bærere, som starter opad sent på aftenen. Meningen er, at de skal nå op i omegnen af lejr 3 i morgen, hvor de vil søge efter

Forsvundet på bjerget

mig og hjælpe mig ned, hvis jeg er i live. Med garantien fra Lars Gundersen, så har de ingen problemer med at tage turen op ad bjerget.

Casper, Marie og Finn har ikke kunnet holde livet i basecamp ud længere. De får arrangeret muligheden for at komme af sted til Kashgar og er denne aften nået dertil. Indlogeret på hotel følger de via mobilforbindelse, SMS og samtaler med bl.a. Lars Gundersen med i det tilsyneladende drama på afstand.

....

For mig bliver det ikke en god nat. Med det klart forværrede vejr er mine forhåbninger til morgendagen svundet. Jeg kan ikke blive ved at holde stand heroppe, når mine venner muligvis bekymrer sig om mit helbred. Godt nok tror jeg, at bærerne har givet besked om, at jeg befinder mig i lejr 3. Men siden for halvandet døgn siden, kan der jo være sket så meget. Og når jeg ikke kan få mobilforbindelse og give en direkte melding, så kan de jo have så mange formodninger. De kan jo ikke vide, at det bare er et elendigt teknisk problem, der forhindrer mig i at rapportere "alt OK" til dem.

Jeg rives natten igennem mellem min ambition om at komme til toppen og mit ønske om at spare mine medmennesker mere bekymring om mig. Lidet aner jeg om, at de allerede bekymrer sig voldsomt om min overlevelse. Men jeg har altid været et særdeles ambitiøst og målfokuseret menneske, og har svært ved at sluge, hvis jeg ikke kan give toppen et ordentligt forsøg.

....

Ivan har sørget godt for den lille del af gruppen, som er sammen med ham. De har ikke lidt nogen nød og har haft hinanden at snakke med. Men de er tæret af opholdet i højden, og det forværrede vejr giver dem ingen forhåbninger om topchancer.

Ivan har også gjort sit til at overbevisede dem om, at jeg sikkert er et eller andet sted i nærheden.

....

Jeg prøver flere gange at tænde og slukke for min mobiltelefon. Men jeg får aldrig nogen forbindelse. Det gør udfaldet klart – eller næsten. For toppen spøger stadig. Selv om det synes usandsynligt, så tænker jeg stadig, at hvis jeg vågner op til rimeligt vejr, så vil jeg først gå på toppen og derefter gå ned og finde de andre. Jeg tænker også, at jeg måske svigter dem, ved at gøre det. Hvis de stadig har en ambition om at komme op, kan det være, at jeg ikke har kræfter til at hjælpe dem. Og det er trods alt det, jeg er her for. Men jeg forestiller mig også, at hvis de har været højt i disse to dage, så vil de nok være for medtagne til at kunne klare et topforsøg.

....

Morgenen gryer for Ivan, Bettina og Nils i lejr 3. Det er meget blæsende, og der er taget en beslutning om at gå ned. Bettina har fået nok og de kan ikke dele sig, så alle går ned.

Anneli synes også vejret virker håbløst og vil også gå ned. Allerede inden de er kommet ud af teltene er italienerne taget afsted nedad – den ene på ski, den anden på snesko.

....

Da jeg slår øjnene op efter en dårlig nattesøvn, er det til et telt, som slår sig mere i vinden, end det hidtil har gjort. Altså bestemt ikke topvejr. Og nu vil jeg ikke trække den længere. Jeg må finde de andre, så de kan se, alt er OK.

Jeg får hurtigt pakket mine ting. Det, der ville tage lang tid, var at pakke telt sammen. Men det skal jeg ikke, det er jo nogle andres telt, hvem ved jeg ikke.

Da jeg kommer ud forundres jeg over så lidt det elendige vejr egentlig påvirker mig. Jeg skæver længselsfuldt opad i snevejret. Det rykker igen i mig og jeg bliver endnu en gang i tvivl om, det er den rigtige beslutning, jeg har truffet.

Det ville være let lige at smide soveposen og de andre tunge lejrting af, og så bare forsøge at nå toppen. Vejret er rigtig barskt, men på en eller anden måde, så føler jeg, jeg kan holde til det og ville kunne finde vejen.

Til sidst sejrer fornuften dog, efter jeg i mit vægelsind har stået og overvejet situationen et kvarters tid. Jeg begynder nedstigningen.

Først går det lidt langsomt, jeg skal lige vænne mig til, at sneskoene glider lidt i den bløde sne for hvert skridt, jeg tager. Sommetider bliver det nær-

Forsvundet på bjerget

mest lidt som skiløb.

Jeg kommer ud over kanten på plateauet og kan se de telte, som jeg også kiggede ned på i går. Der hvor der stod nogle ski og signalerede, at dette ikke var den danske lejr. Der står nogle personer udenfor og da jeg nærmer mig, kan jeg se, at der ikke længere står ski.

Pludselig går det op for mig, at personen, der står lige til venstre for teltgruppen i en heldundragt, er Ivan.

Jeg sætter farten ekstra op, løfter hånden og vinker. Ivan genkender mig og vinker tilbage. Endnu en person dukker op fra et af teltene. Det er Nils, og nu lægger jeg også mærke til Anneli, som sidder på knæ ved sit telt og er ved at pakke sine ting sammen.

Nils får øje på mig. "Det er jo Bo, der kommer der," konstaterer han.

Ivan siger et kort "hello" og peger så spørgende til mine fødder. Jeg tolker det som om han tror, jeg har bivuakeret i det fri eller overnattet i snehule og måske har reddet mig nogle forfrysninger.

"No problem, I'm fine." Svarer jeg ham. "I found some tents in camp 3."

Ivan kigger lidt underligt på mig, de har jo overnattet i lejr 3. Men han siger ikke noget.

Jeg får også hilst på Nils og Anneli, som begge virker lidt overraskede over, at jeg kommer oppefra. Jeg forklarer, at jeg ikke har været på toppen, men et godt stykke der op ad har jeg da været. Jeg gentager på dansk, at jeg har overnattet i lejr 3 i 6800 meter. Bettina har også hørt mig og kommer ud af teltet og hilser på mig. Hun nævner som den første overfor mig, at de har overnattet i lejr 3.

Jeg siger, "nej, det kan ikke være lejr 3, det er der, hvor jeg var i 6800 meter."

Jeg kan slet ikke begribe, at det er mig, der har overnattet endnu højere oppe. Her var der jo kun det ene lille grønne telt, da jeg passerede for snart 2 dage siden. Det telt regnede jeg som et nødtelt, og havde ikke forestillet mig, at lejren kunne ligge der på skråningen. Telte var der til gengæld oppe i det, jeg troede var lejr 3, hvor jeg slog mig ned. Bettina kigger på Anneli og de nikker samstemmende til, at de har overnattet i lejr 3.

Jeg er så sikker i min sag, at jeg bare tænker "OK, så siger vi det."

Inderst inde tænker jeg, at de jo nok finder ud af det på et tidspunkt.

"Hvor er de andre henne?"

"De er gået nedad, den dag det stormede, vendte de om." Svarer Bettina.

"De har ikke haft nogen telte, så de er nok gået til lejr 1 eller helt til basislejren."

Hermed går det op for mig, at det ikke bare er mig, der har været delt fra gruppen. Det er os alle sammen, som er blevet splittet op i smågrupper.

Men jeg føler mig overbevist om, at alle er OK og der er ikke nogen, som har brug for min støtte lige nu. Hverken moralsk eller fysisk. De er alligevel på vej eller er allerede nede.

Straks skyder tanken op i mig, "jeg er fri til at gå på toppen." Jeg forsøger at overtale Nils og Bettina til at gå med op til min lejr 3 i stedet for at gå ned. Det vil retfærdiggøre et topforsøg, hvis jeg har bare en af dem med. Og mine ambitioner og tro på, at det er muligt lader sig ikke fornægte. Men ingen af dem er til at lokke.

Jeg spørger, "er det OK, hvis jeg går op alene?"

Bettina svarer: "Ja det er fint nok med mig, jeg skal bare ikke op selv."

Det kører rundt i hovedet på mig igen, selv om jeg troede, jeg havde opgivet.

"Har du en roman, du vil bytte med, så jeg har noget at læse?" spørger jeg Bettina.

Det har hun, men da jeg har byttet bog med hende, er det gået op for Ivan, hvad jeg har gang i. Han formulerer sig på mere klart engelsk, end han har gjort tidligere på hele denne ekspedition:

"You are not here as sportsman, you are here as a guide."

Den bemærkning svider lidt selv om det er en sandhed med modifikation. Faktisk er jeg rejse- og ekspeditionsleder og ikke decideret og officielt guide. Men med min store erfaring, har jeg jo virket som guide for de andre

Forsvundet på bjerget

i deres forsøg på at nå toppen af dette bjerg.

Jeg står og overvejer mens de pakker færdig. "Kan jeg være bekendt, at gå mod toppen?" Spørger jeg Bettina i håbet om at få lidt støtte. Hun kan vel ikke få sig selv til at sige, at hvis jeg gør det, så er jeg et dumt svin og en kæmpe egoist. Men det er jo sagens kerne. For at blive en rigtig god alpinist, så skal man have et stort personligt drive. At man så ofte for at nå de helt store mål, skal være i stand til at samarbejde med andre med store egoer, gør det jo ikke mindre spændende.

Bettina glider lidt af på spørgsmålet og Ivans bemærkning sad rigtig godt. Jeg kan ikke få mig selv til, at efterlade dem her og gå op igen. Beslutningen er nu taget. Jeg går med dem ned. Helt barnligt klamrer jeg mig inderst inde til et lille håb om, at jeg i overmorgen kan gøre en maratonbestigning ved at gå helt fra basecamp til toppen i en køre Sandsynligheden af en sådan tur bliver mulig er dog mikroskopisk. Men det er som et lille plaster på det blødende sår over, at jeg må opgive toppen af bjerget i denne omgang så tæt på målet.

Vi starter ned ad bjerget. Skråningerne er relativt lette og vi kommer godt derned ad til en start. Men når det er lidt stejlere, så tærer det alligevel noget. Sneskoene er lidt tilbøjelige til at skride, så man kurer lidt på dem. Skiløbsagtigt, men på en anstrengende og lidt ukontrollabel måde. Det er trættende, men efterhånden vænner jeg mig til det og får en god rytme. De andre slider tydeligvis mere med det.

Da vi nærmer os teltene ovenfor lejr 2 i ca. 6400 meters højde, er det tydeligt, at Bettinas tempo er faldet drastisk og Nils også er noget mør. Sporet går lidt udenom denne mellemlejr, så vi kan ikke helt se, hvad der foregår. Ivan stikker over og snakker om noget med en italiener. Vi forstår ikke, hvad han siger, men formoder blot, at en af italienerne, som lå oppe ved lejr 3, er derovre.

Vi fortsætter efter en kort pause ned mod den "rigtige" lejr 2. Inden vi i hver sit tempo går derned, aftaler vi at holde en længere pause i lejren.

Jeg kommer kun lige i gang, så omringes jeg af nogle bærere, som kigger spørgende på mig.

"Mr. Bo?"

"Yes, that's me," bekræfter jeg.

Jeg bliver spurgt flere gange, mens de cirkler som gribbe om et bytte. Jeg aner ikke hvad, der sker. Pludselig bliver jeg stukket en mobiltelefon i hånden, som en af dem har ringet et nummer op på. I mit øre lyder Mohammeds stemme fra basecamp.

"OK Mr. Bo? We have been so worried for you. Where have you been?"

"What do you mean?" Svarer jeg.

"We did not know where you were," fortsætter Mohammed.

"But I talked to the german porters on my way to camp 3. I asked them where camp 3 was, so they should know where I was."

"But we asked everyone coming down from the mountain if they had seen you. We were so afraid, you were lost up there."

Jeg er ikke i tvivl om, at Mohammeds bekymring er ægte nok. Men det ændrer ikke ved det faktum, at de har gået og bekymret sig uden grund. Jeg havde jo snakket med de bærere, som tyskerne havde med sig. Hvorfor har de ikke fortalt dem, hvor jeg var?

Nå jeg kan ikke gøre meget nu, det er bare om at komme til basecamp og rede trådene ud. Det skal vise sig at blive noget af en kamp.

Vi fortsætter uden yderligere hændelser ned til camp 2, hvor vi har tilbragt så mange nætter i en hel lille teltby. Nu står der kun nogle enkelte telte. Det virker som om, bjerget er ved at blive ryddet. Det er også sidst på sæsonen, hvorfor de fleste forlader basecamp nu, hvor det bliver koldere og vejret mere ustabilt.

Det bliver en lang pause i C2. Der er flere som kan begynde at mærke trætheden. Og vi skal helst ikke være alt for trætte ned gennem isfaldet mellem lejr 1 og 2. Træthed giver lavere koncentration og med det følger fejltagelser.

Da vi fortsætter kører tankerne om, hvad der er gået galt, siden de har troet, jeg var forsvundet på bjerget. Jeg tænker dagene op ad mod lejr 3 igennem igen og igen. Desværre er der nogen forudsætninger i mine tanker,

Forsvundet på bjerget

som ikke er rigtige. Derfor kommer jeg til at omtænke det hele senere, da jeg har fået opklaret nogle af detaljerne. Og nogle af dem bliver opklaret ved et tilfælde.

....

Kort før vi går ind i isfaldet, stopper jeg op og skifter fra snesko til steigeisen. Det første sted, hvor isfaldet "viser tænder," er lige nedenfor os. Her skal man krydse over en ret stejl flanke lige over en stor spalte, som man helst ikke skal falde ned i. Et er selve styrtet derned - noget ander er, at der er nogle grimme huller ned i bunden af spalten, som godt kunne se ud til at føre dybt ned i gletsjeren.

Anneli får mig til at grine lidt. Hun fortæller, at hun mener disse huller kan gå helt ned til bunden af gletsjeren. Den er måske 100 meter tyk her. Ydermere siger hun, at på bunden af gletsjeren bliver man så fanget af en smeltevandsstrøm, som fører en under gletsjeren helt ned til foden af den, hvor man så bliver spyttet ud af strømmen. En ret fantasifuld historie ud fra min viden som tidligere glaciolog på Grønland. Men der er ingen tvivl om, at det vil være farligt at falde i hullerne i bunden af gletsjerspalten. Man kan brække arme og ben i styrtet, og man kan blive klemt fast nede i isen, så man næsten ikke er til at få op igen. Og det kan tage så lang tid, at man kan nå at dø af kulde.

Nils og Bettina skifter også til steigeisen for at stå bedre fast. Bettinas supergaitors - gamasjer, der går hele vejen udenom og nedenom støvlen - er nogle klodsede sager, som ikke giver så godt fæste for hendes steigeisen. Hun kæmper lidt med dem, men får dem til at sidde korrekt.

Da Bettina står i det stejle stykke lige over spalten, råber hun pludselig til mig, som allerede er nået helt ned og står og kigger op.

"Min ene steigeisen er gået løs."

Hun står lige i nærheden af et reb, som er fastgjort, men kan ikke helt nå det.

"Jeg kommer," råber jeg til hende.

Men jeg er kun kommet 5 meter opad, da jeg ser hende række ud efter rebet, glide af med sin anden fod med steigeisen på og dernæst begynde at kure nedad mod spalten i et foruroligende accelererende tempo.

Der er en rampelignende formation dannet af sne, der under gentagne snefald er gledet ned i gletsjerspalten. Denne rampe kurer hun ned ad. Da rampen drejer en smule, forsvinder Bettina ud af syne. Det eneste, jeg ser, er en snesky, der stiger til vejrs som fra en mindre lavine.

Jeg når heldigvis ikke at blive chokeret over hændelsen, men reagerer på den helt rigtige måde. Jeg klatrer lynhurtigt ned igen, hen til kanten af spalten. Her ser jeg heldigvis Bettina sidde i den dybe sne mellem de dybe huller.

"Er du kommet noget til?" Råber jeg til Bettina.

Svaret kommer hurtigt og uden den spor af rystelse.

"Nej, det tror jeg ikke."

Jeg får Nils' isøkse og klatrer skyndsomst ned til Bettina. Det første, jeg gør, er at kigge hende i ansigtet, og se om hun ser skræmt ud. Men hun ser helt normal ud, så skynder jeg mig at give hende et venskabeligt kram.

"Godt du ikke kom noget til."

"Kan du selv klatre op den vej, jeg kom ned, hvis jeg hjælper dig?"

Det mener Bettina godt hun kan. Så får jeg også holdt hende beskæftiget så længe, så hun ikke får tid til at tænke for meget over det tilstødte. Jeg instruerer hende i at klatre den stejle sne og is op fra spalten, men jeg holder mig i nærheden af hende som regel et par meter over hende. Jeg har taget hendes rygsæk, men hun puster betragteligt alligevel. Måske et lille tegn på, at en reaktion er ved at indfinde sig?

Men Bettina bliver slet ikke nervøs - heldigvis. Efter hun har overstået den lille klatretur tilbage til sikkerheden, sætter hun sig og får justeret sit udstyr, så ikke hendes steigeisen skal løsne sig igen.

Hun har måske nået at brænde det næsten uundgåelige adrenalinrush af på sin klatretur op fra spaltens dyb. Den ene af hendes skistave er borte, formentlig gledet ned i det dybe hul, Bettina heldigvis ikke ramte.

Efter en kort pause fortsætter vi videre ned gennem isfaldet med lejr 1 indenfor snarlig rækkevidde. I isfaldet møder vi basecamps anden svenske klatrer, som er med et hold polakker herude. Klemt af tid og dårligt vejr, vil

Forsvundet på bjerget

de forsøge sig med en meget optimistisk plan: i dag gå op til lejr 2 og gå efter toppen i morgen fra den lejr. Vi ønsker ham held og lykke, men tænker samtidigt, at de skal være ualmindeligt heldige for at lykkes med forehavendet.

Kort før lejr 1 synes jeg pludselig, at mit maskineri er ved at gå på hold. Pausen i lejren er derfor mere end velkommen. Der skal også pakkes lidt om, så der bliver tid for kroppen til at regenerere lidt kræfter til de sidste 900 højdemeter til basecamp. Jeg har allerede gået 1650 meter nedad.

Jeg tror hjernen er slået fra, mens jeg pakker om. Jeg efterlader en del ting her, da jeg ikke synes, jeg orker slæbe det hele ned i et hug. Og jeg har lidt travlt med at komme ned til basecamp og få hilst på Casper, Marie og Finn.

Men Ivan har bestilt en bærer med æsel til at komme op og hente os i C1, så det kan være, det er meningen, at vi skal forlade basecamp allerede i morgen. Jeg tænker først over det, da jeg er godt på vej mod basislejren, men da er jeg for træt til at vende om og gå tilbage for at hente det hele.

Heldigvis har Ivan indset, at han ikke har kommunikeret sin plan til mig. Derfor pakker han mine sidste ting og sender dem med æslet ned. Jeg slipper for en tur op for at hente det sidste.

Basecamp gensyn

Vi drysser ind den ene efter den anden i basecamp. Vi er trætte og glæder os til at slappe lidt af og få noget mad. Men min første tanke er dog, at få snakket med Casper, Marie og Finn.

Men jeg bliver overrasket af meldingen fra Akbar, "they left for Kashgar yesterday, you will meet them there." Pokkers også så kan jeg ikke få snakket vores uheldige topforsøg igennem med dem. Men Glen, som ikke kunne deltage i topforsøget, er blevet for at vente på os, og det er et hjerteligt gensyn. Hvor er han dog et tålmodigt menneske, han har siddet her hele tiden, fra vi skiltes i C1, og vi gik mod toppen, og han mod basecamp.

Jeg får talt rigeligt med mange i basecamp, for de lokale kan jo ikke forstå min undren over, at de ikke vidste, jeg havde det fint. Jeg havde jo talt med de bærere, som hjalp Michael og Werner. Desværre er de to tyskere ikke i basecamp mere, hele deres lejr er væk, for jeg har også svært ved at forstå, at de overhovedet ikke så mig.

Jeg kan ikke kende bærerne fra hinanden, men jeg siger til Mohammed, at han må spørge dem, som var med tyskerne, om de ikke så mig. Men svarene jeg får fra Mohammed er det besynderlige, at de ikke vidste det var mig. Mit svar til det er, "hvem skulle det ellers være, der var ikke andre højt på bjerget." Men de vil ikke erkende, at de burde have givet besked videre, om at de havde set mig.

Jeg kan ikke vide, hvad de siger til hinanden på deres eget sprog. Jeg er jo godt klar over, at det lige så meget handler om penge. De vil have Lars Gundersen til at betale deres redningsaktion, selv om jeg nu tydeligt gør dem opmærksom på, at de jo godt vidste, hvor jeg var. Mohammed ønsker bestemt ikke at skulle betale de folk, der var oppe og "redde" mig. Når det nu er mellem dem, at kommunikationsbristen er sket, så står det tydeligt for mig, at de burde udrede dette selv og ikke involvere eksterne "sponsorer." Det er dem, der har fejlbedømt og glemt at tale sammen.

Men de står hårdt på deres, og jeg kan tilsyneladende ikke overbevise dem om, at fejlen er helt på deres egen side. Jeg fortæller Lars min version, men han beslutter sig, for ikke at have mere bøvl med denne sag, at betale.

Forsvundet på bjerget

Det er jeg ked af, for derved lægger han lidt skylden over på min side, hvor det for mig soleklart er bærerne og Mohammed, der har fejlet i deres kommunikation.

I basecamp får jeg fortalt den del af Michaels redningsaktion, som jeg ikke selv var vidne til. Da jeg hører om Werners GPS og positionen af to gule telte højt på bjerget, går det op for mig, at det er der, jeg har overnattet i en større højde end C3. Min barometriske højdemåler har snydt mig og fået mig til at tro, sammen med bærernes udmelding til mig, da de ville pakke teltet i lejr 3, at jeg overnattede alene i lejr 3.

Efterskrift

Jeg møder Marie, Casper og Finn i Kashgar allerede dagen efter. Vi har hurtigt pakket vores udstyr, gået ned til Subashi og er kommet med en bus til Kashgar samme dag.

Desværre har de den opfattelse, at jeg har svigtet dem på flere områder.

Jeg skulle have fulgtes med dem, og det kan jeg sagtens forstå set i bakspejlet, men udfaldet skyldes mest, at de ikke fulgtes med Ivan, og at de lod sig overtale af tyskerne til at gå ned i stedet for op til mig. Vores aftale var jo helt klar, jeg skulle gå i forvejen og sørge for, at der var udgravet platforme til telte, for det havde de ikke kræfter til, når de kom frem. Men jeg valgte dette fra for at vente på dem i det lille grønne telt. Afstanden mellem os kan ikke have været særlig stor, da jeg sad og ventede. Hvis de var kommet op til mig, og havde fulgt mig til C3+, så havde vi endog haft en chance for at gå på toppen næste dag, selv om sigtet ikke var godt.

Jeg skulle på et meget tidligt tidspunkt i ekspeditionen have fyret Ivan. Han havde den helt rigtige erfaring og viden om bjerget, som han havde været på flere gange, men han var næsten håbløs at kommunikere med. Deres oplevelse med ham under topforsøget, hvor de troede de havde indgået en aftale om at gå tilbage til C2, men han mente aftalen var anderledes, var med til at forstærke indtrykket af, at en farlig situation kunne opstå som følge af den ringe kommunikation. Og jeg må igen i bagklogskabens klare lys give dem ret, men jeg har bare på mange ture haft lokale guider, som talte et ringe engelsk, men alligevel var i stand til fint at kommunikere med os. Derfor mente jeg, at det var helt OK med Ivan.

Vi skulle have haft GPS med på bjerget til at finde vej. De mente mangelen på en GPS var med til at være berøve dem topchancen. Her er jeg direkte uenig med dem. Jeg mener ikke det ville have ændret noget, idet GPS'en ikke kan bruges til at finde toppen med mindre, du ved hvilke waypoints du skal gå efter undervejs, og de waypoints skal være med meget lille afstand mellem, ellers kan de føre dig ud i farligt terræn. GPS'en kan bruges til at finde vej ned igen ved at vælge backtracking funktionen, men op er den en tvivlsom hjælp. I øvrigt ville vi formentlig være kommet op med hjælp af

Forsvundet på bjerget

markeringsflagene, hvis vi fulgtes derop. Jeg kunne alene følge markerings-flagene, selv om der sommetider var lige langt nok imellem dem, men det problem ville være langt mindre, hvis vi var flere sammen, der kunne gå med lidt afstand imellem os. Jeg har besteget adskillige bjerge i tvivlsomt vejr i løbet af min 40-årige bjergkarriere og aldrig været i en situation, hvor en GPS ville have gjort en forskel. Sådanne situationer findes, men i bjergter-ræn handler det om situationer, hvor du vil backtracke ned ad samme rute, hvor du kom op.

Vi burde have walkie-talkier til kommunikationen. Ivan burde måske også fra sine tidligere ture på Mustagh Ata have vidst, at mobiltelefonen ikke kunne bruges højere oppe på bjerget. Så kunne vi have haft walkie-talkier med til kommunikationen, selv om man heller ikke altid kan stole på dem specielt ikke, når der ikke er line-of-sight mellem basecamp og de øvre lejre. Her fejlede vores guide, og denne gang har det ikke noget med hans ringe engelsk-kundskaber at gøre. Men til hans forsvar må siges, at den situation, vi havnede i, var meget usædvanlig, og måske havde vi heller ikke haft for-bindelse med walkie-talkier. Jeg har brugt dem til kommunikation på andre bjerge, hvor det har været svært at få forbindelse med dem, så snart man er rundt om et hjørne på bjerget. Mustagh Atas aftagende stejlhed højere på bjerget gør, at du ikke kan se fra de øvre lejre til basecamp. Dette ville for-mentlig have gjort også denne form for kommunikation umulig. Selv mel-lem lejr 2 og 3 vil kommunikation formentlig være ustabil med walkie-talkie. Derfor er det igen tvivlsomt, om en anden ageren i forhold til dette klage-punkt, ville have ændret noget.

Der var mange andre mindre betydelige klagepunkter, men disse var de mest afgørende. Og jeg kan delvis give dem ret, men også kun set i lyset af, hvad der skete, og hvordan forløbet var. Mine beslutninger i situationen var faktisk meget velovervejede og fornuftige.

Lars Gundersen viste efter hjemkomsten stor forståelse for begge "lej-res" synspunkter. Han imødekom deltagernes klage og betalte en stor del af ekspeditionens omkostning tilbage til deltagerne, men han havde også fuld tillid til mig og de beslutninger, jeg havde taget, og jeg succesfuldt har ledet mange ekspeditioner for Kipling Travel siden denne.

Forfatteren

Bo Belvedere Christensen har dyrket bjergbestigning siden 1978, hvor han første gang klatrede på Kullen i Sverige. Hurtigt blev han en del af den danske elite og har gennemført mange førstebestigninger, både danske og verdens første, flere steder i verden.

Trods Bos ikke helt unge alder er han i dag mere aktiv end nogensinde og er ofte afsted på ekspedition i 4-5 måneder hvert eneste år. Han arbejder som freelance rejseleder for Kipling Travel og har sit eget firma K2 adventure og websitet K2-adventure.dk, hvor mange af hans ture er beskrevet. Pt. er hans store projekt at bestige de 14 bjerge i verden over 8000 meter. Han kalder det Challenge Of The 14 forkortet COT14 og du kan finde projektets hjemmeside på COT14.dk.

Hans meritliste indeholder bl.a.

- 1982: Første danske klatring sammen med Niels Munksgaard af Bonatti ruten på Grand Capucin i Mont Blanc området.

- 1984: Første danske bestigning af Toqllaraju, 6032 meter, sammen med Niels Ole Bernsen i Cordillera Blanca, Andesbjergene.

- 1984: Første danske bestigning af Huascaran, 6768 meter, sammen med Niels Ole Bernsen i Cordillera Blanca, Andesbjergene.

- 1990: Første danske klatring sammen med Andreas Frey af Petit Jorasses Vestvæg i Mont Blanc området.

- 1990: Første danske en-dags klatring sammen med Andreas Frey af sydvæggen på La Meije, Dauphine området, Alperne.

- 1994: Første danske bestigning af Broad Peak, 8047 meter, sammen med Jan Mathorne i Karakoram, vestlige Himalaya.

- 1996: Første danske klatring sammen med Henrik Jessen Hansen af Piz Badiles Nordøstvæg i Bergell området.

- 1997: Første danske en-dags klatring sammen med Jan Mathorne af Gervasutti pillaren på Mont Blanc du Tacul i Mont Blanc området.

Forsvundet på bjerget

- 1998: Første danske bestigning af Gasherbrum I, 8068 meter, sammen med Jan Mathorne og Allan Christensen i Karakoram, vestlige Himalaya.

- 2002: Verdens første bestigning af Pandra, 6673 meter, sammen med Jan Mathorne og Allan Christensen i det østlige Nepal, Himalaya.

- 2002: Verdens første bestigning af Danga, 6238 meter, sammen med Jan Mathorne og Allan Christensen i det østlige Nepal, Himalaya.

- 2008: Første danske bestigning af Baruntse II, 6720 meter, sammen med Martin Cederkrantz og Jens Trolle Nielsen i Mount Everest regionen af Himalaya.

- 2013: Første dansek bestigning af Changtse, Everests nordtop 7543 meter, solo i Mount Everest regionen af Himalaya.

- 2014: Bo når sin tredje 8-tusind meters top, Cho Oyu 8201 meter, solo fra lejr 2 inden sherpaerne har sat faste reb op mod toppen.

Ud over klatring og bjergbestigning dyrker Bo kajakroning, mountainbike, styrketræning og løber dagligt.

Han har siden en meget ung alder holdt af at skrive og fotografere, hvilket i dag er en stor passion for ham. Han har således indtil videre udgivet 13 bøger heraf to i fællesskab med andre forfattere.

Den første bog han var med til at skrive var fra hans første ekspedition til Himalaya. Bogen "Ama Dablam, en bestigning af verdens smukkeste bjerg" udkom på Gyldendals forlag i 1988, siden var der en pause indtil år 2000, hvor han som medforfatter og redaktør udgav "Everest - drømmen og sejren" fra den succesfulde ekspedition til Everest, som han deltog i. Siden har Bo selv skrevet de resterende 11 bøger.

Fotografi og video dyrkes ligeledes meget aktivt og Bo har filmet til og været med til at redigere film til DR, DR2 ("Big E" om den succesfulde ekspedition til Everest i år 2000) og TV2 ("Det Hvide Bjerg" en film i to afsnit om den succesfulde ekspedition til Dhaulagiri, der satte den første dansker på toppen af et 8-tusind meters bjerg). Desuden har Bo leveret film til dokumentarer om flere andre bjergbestigere. Bo har en aktiv kanal på Youtube primært med video fra bjergene.